Discovery EDUCATION
맛있는 과학

디스커버리 에듀케이션
맛있는 과학-20 곤충

1판 1쇄 발행 | 2012. 1. 20.
1판 5쇄 발행 | 2025. 2. 21.

발행처 김영사 | 발행인 박강휘
등록번호 제 406-2003-036호 | 등록일자 1979. 5. 17.
주소 경기도 파주시 문발로 197 (우-10881)
전화 마케팅부 031-955-3100 편집부 031-955-3113~20 팩스 031-955-3111

Photo copyright©Discovery Education, 2011
Korean copyright©Gimm-Young Publishers, Inc., Discovery Education Korea Funnybooks, 2012

값은 표지에 있습니다.
ISBN 978-89-349-5454-5 64400
ISBN 978-89-349-5254-1 (세트)

좋은 독자가 좋은 책을 만듭니다. 김영사는 독자 여러분의 의견에 항상 귀 기울이고 있습니다.
전자우편 book@gimmyoung.com | 홈페이지 www.gimmyoung.com

|어린이제품 안전특별법에 의한 표시사항| 제품명 도서 제조년월일 2025년 2월 21일
제조사명 김영사 주소 10881 경기도 파주시 문발로 197 전화번호 031-955-3100 제조국명 대한민국
사용 연령 8세 이상 ⚠주의 책 모서리에 찍히거나 책장에 베이지 않게 조심하세요.

최고의 어린이 과학 콘텐츠
디스커버리 에듀케이션 정식 계약판!

Discovery EDUCATION
맛있는 과학

20 | 곤충

김민정 지음 | 김준연 그림 | 류지윤 외 감수

주니어김영사

 차례

1. 곤충이란 무엇인가요?

곤충의 특징 8
곤충의 먹이 14
곤충의 일생 21
    TIP 요건 몰랐지? 헬리콥터 날개와 잠자리 날개 26
    TIP 요건 몰랐지? 타고난 사냥꾼 사마귀 27
    Q&A 꼭 알고 넘어가자! 28

2. 곤충의 생활

곤충의 짝짓기 32
    TIP 요건 몰랐지? 여왕만 알을 낳을 수 있어요 38
집을 짓는 곤충들 40
살아남기 위한 방법 44
    TIP 요건 몰랐지? 서로 돕고 살아요 48
곤충의 겨울나기 49
    Q&A 꼭 알고 넘어가자! 52

3. 들판에서 사는 곤충들

예쁜 날개를 가진 나비 56
무서운 침을 가진 벌 61
들판에서 사는 다른 곤충들 65
    Q&A 꼭 알고 넘어가자! 72

4. 숲에서 사는 곤충들

갑옷을 입은 곤충들 76
- TIP 요건 몰랐지? 해변에서 사는 딱정벌레 79
숲에서 사는 다른 곤충들 80
- Q&A 꼭 알고 넘어가자! 84

5. 물에서 사는 곤충들

물 위를 떠다녀요 88
물 속을 헤엄쳐요 91
물가를 날아다녀요 94
- Q&A 꼭 알고 넘어가자! 96

6. 집에서 사는 곤충들

부엌에 사는 곤충들 100
- TIP 요건 몰랐지? 바퀴를 없애는 방법 101
사람 몸에 붙어 사는 이 102
곡식 속에 사는 곤충들 103
- Q&A 꼭 알고 넘어가자! 106

관련 교과
초등 3학년 1학기 3. 동물의 한살이
초등 3학년 2학기 2. 동물의 세계
초등 5학년 1학기 3. 식물의 구조와 기능
초등 6학년 2학기 3. 쾌적한 환경
중학교 3학년 1학기 1. 생식과 발생

1. 곤충이란 무엇인가요?

곤충은 여러분이 벌레라고 부르는 작은 생물이에요. 강아지나 고양이와는 정말 다르게 생겼지요. 나비처럼 예쁘게 생겨서 우리가 좋아하는 곤충도 있지만, 갑자기 날아든 곤충 때문에 놀란 적도 있을 거예요. 꿈틀꿈틀 땅 위를 기어 다니는 애벌레는 또 얼마나 징그럽다고요. 하지만 곤충의 세계를 자세히 들여다보세요. 곤충들이 얼마나 귀엽고 재미있는 생물인지 알 수 있을 거예요.

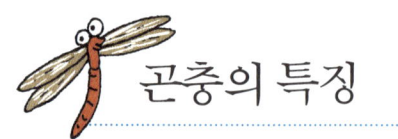
곤충의 특징

곤충인지, 아닌지 알 수 있는 방법이 있습니다. 곤충만이 가지고 있는 특징이 있거든요. 곤충은 어떤 특징을 가지고 있는지 알아볼까요?

머리, 가슴, 배

곤충은 몸을 머리, 가슴, 배 이렇게 세 부분으로 나눌 수 있습니다. 몸이 세 부분으로 나뉘는 작은 동물들을 곤충이라고 하지요.

거미는 곤충일까요, 아닐까요? 거미는 몸이 머리, 가슴 이렇게 두 부분으로만 나뉘기 때문에 곤충에 속하지 않습니다. 그래서 거미는 곤충이 아닌 별도의 종류로 구분합니다. 게나 새우, 지네도 거미와 마찬가지로 따로 구분하지요. 하지만 곤충, 거미, 게나 새우, 지네 모두를 '절지동물'로 부를 수 있습니다.

절지동물

몸이 작고 마디로 이루어진 동물을 말합니다. 곤충류·거미류, 게·새우류, 지네류가 있는데, 현재까지 약 90만 종 이상의 동물이 절지동물에 속하는 것으로 알려져 있습니다.

길에서 벌레를 만났을 때, 곤충인지 아닌지 확인하려면 제일 먼저 몸이 머리, 가슴, 배 이렇게 세 마디로 나뉘어 있는지 확인해 보세요.

곤충의 머리

곤충의 머리에는 사람과 마찬가지로 뇌와 감각을 느끼고 행동을 판단해서 명령을 내리는 중추신경이 있습니다. 또, 곤충의 특징 중 하나인 더듬

더듬이가 발달한 곤충. 곤충에게 더듬이는 외부 상황을 감시하고, 동료들과 대화할 수 있는 아주 중요한 기관이다.

이가 있지요. 곤충에게 더듬이는 아주 중요한 역할을 하는 기관입니다. 외부의 상황을 감지하고, 자신의 동료들과 정보를 나눌 때에 쓰이기도 하지요. 곤충은 모두 머리 위에 두 개의 더듬이를 달고 있습니다.

또 곤충의 눈은 사람이나 다른 동물의 눈과는 다르게 수많은 낱개의 눈들이 모여서 하나의 큰 겹눈을 이루고 있습니다. 곤충은 이렇게 여러 개의 눈이 모여 있는 겹눈이 두 개 있고, 또 홑눈이 세 개 있습니다. 겹눈을 통해서는 물체의 생김새와 색을 보고, 홑눈으로는 빛의 밝기를 측정해서 겹눈이 물체의 생김새를 파악하는 데 도움을 줍니다.

여러 개의 눈이 모여 있는 곤충의 눈.

곤충의 날개

곤충은 날개도 가지고 있습니다. 네 장의 날개가 양쪽에 한 쌍씩 붙어 있답니다. 앞날개 한 쌍, 뒷날개가 한 쌍 있지요. 곤충의 날개는 사는 환경에 따라서 다양한 기능과 모양을 가지고 있습니다.

곤충은 앞날개, 뒷날개 각각 한 쌍씩 두 쌍의 날개를 가지고 있어.

새는 날개를 쭉 펴고 바람을 이용해 하늘을 날아다니기 때문에 먼 거리를 여행하는 데에도 무리가 없습니다. 하지만 곤충은 날개를 위아래로 파닥거리며 날아다녀야 하기 때문에 먼 거리를 날기에는 벅찹니다.

날개를 위아래로 파닥거리며 날고 있는 곤충. ⓒ Alvesgaspar@the Wikimedia Commons

곤충의 다리

곤충의 다리는 세 쌍으로 모두 여섯 개입니다. 보통 곤충의 다리는 가슴에 한 쌍, 배에 두 쌍 달려 있습니다. 곤충은 다리를 이용해 기거나 잡거나 매달릴 수 있어요. 다리의 끝을 확대해 보면 날카로운 발톱을 가지고 있기도 합니다.

곤충의 다리를 확대한 모습. 다리 끝에 날카로운 발톱이 달려 있다.

곤충의 다리는 다섯 마디로 나뉘어 있는데, 제일 앞부분인 가슴과 연결된 부분을 '밑마디'라고 합니다. 이 부분은 가슴 부분에 고정되어 움직이

지 못합니다. 그다음 부위는 '도래마디'로써 움직임이 있는 부분입니다. 세 번째 마디는 '넓적다리마디'입니다. 종에 따라 다르지만, 다리 근육을 이용해 폴짝폴짝 뛰어다니는 메뚜기 종류는 이 세 번째 마디가 잘 발달되어 근육이 튼튼합니다. 네 번째 마디는 '종아리마디'입니다. 이 부분에 가시가 조금씩 나 있지요. 마지막 마디는 '발목마디'입니다. 발목마디 끝에는 날카로운 발톱이 달려 있습니다.

물방개의 뒷다리는 헤엄치기 좋게 넓적한 노 모양이야.

물방개와 같이 물속에서 헤엄치는 곤충은 뒷다리가 넓적한 노처럼 생겨서 헤엄치기 좋은 모양입니다. 메뚜기나 풀무치 등은 뒷다리가 발달하여 뛰기에 알맞고, 개미처럼 땅 위를 기어 다니는 곤충은 모든 다리가 걷기 좋게 고루 발달했습니다. 또한 땅강아지는 앞다리가 튼튼하고 억세서 흙을 파기에 알맞고, 사마귀의 앞다리는 다른 곤충을 잡기에 알맞게 되어 있어요. 꿀벌은 꽃가루를 운반하기 좋은 모양으로 변형되었지요.

이와 같이 곤충의 다리는 날개와 마찬가지로 사는 환경과 방식에 따라 여러 가지 모양으로 발달했습니다.

곤충의 먹이

 작은 몸집의 곤충은 무엇을 먹으며 살아갈까요? 곤충은 식물의 잎을 먹기도 하고, 또 다른 곤충을 잡아먹으며 살기도 합니다. 사람이 먹다 남은 음식 찌꺼기를 집어 먹는 곤충도 있고, 다른 생물의 피를 빨아 먹는 곤충, 땅속에서 먹이를 찾는 곤충까지 다양하지요. 곤충은 어떤 먹이를 먹는지 자세히 알아보아요.

나무즙을 빨아 먹기 위해 나무에 붙어 있는 매미.
ⓒ Gilles San Martin(Gilles San Martin@flickr.com)

식물을 먹고 살아요

 진딧물은 떼를 지어서 식물의 즙을 빨아 먹습니다. 그래서 진딧물이 생기기 시작한 식물은 진딧물에게 영양분을 빼앗기고 시들어 버리지요. 매미도 나무에 주둥이를 꽂아 즙을 빨아 먹어요. 매미들이 나무에 붙어 있는 이유가 나무즙을 빨아 먹기 위해서입니다.

 곤충이 알에서 깨어나 어른

곤충이 되기 위한 준비 단계인 애벌레는 주로 식물의 잎을 갉아 먹으며 자랍니다. 배추흰나비 애벌레는 배추밭의 배추 잎을 연한 부분만 골라 갉아 먹어서 배추 농사에 아주 큰 피해를 주기도 해요.

하지만 다 큰 나비는 꽃의 꿀을 찾아다니며 꿀을 빨아 먹는 대신 꽃의 수술 머리에 있는 꽃가루를 암술머리로 옮겨 주는 역할을 합니다. 식물이 열매를 맺을 수 있도록 중요한 매개체 역할을 해 주지요.

나뭇잎을 갉아 먹고 있는 애벌레.

꽃의 구조를 열심히 연구해서 꿀을 더 잘 따야지!

수술

꽃을 이루는 기관 중 하나입니다. 생식에 필요한 꽃가루를 만드는 중요한 기관이지요. 실제로 꽃가루를 만드는 꽃밥과 꽃밥을 받치는 수술대 두 부분으로 이루어져 있습니다.

암술

꽃의 중심부에 있는 기관으로 수술과 함께 꽃의 생식기관 중 하나입니다. 꽃가루를 받는 부분인 암술머리, 암술머리와 씨방을 연결하는 암술대, 나중에 자라서 씨가 되는 밑씨를 간직하고 있는 씨방으로 구성되어 있습니다.

하늘소 애벌레는 나무속을 파먹어서 나무에 피해를 줍니다. 하지만 이미 병들어 버린 나무를 빨리 분해해 숲의 영양분으로 되돌려 주는 역할을 하기도 한답니다.

나무에서 흘러나오는 진을 핥아 먹는 곤충도 많습니다. 특히 참나무의 상처 난 부위에서 흘러나오는 진은 곤충들이 아주 좋아하는 먹이입니다. 참나무의 상처 난 부위에는 여러 종류의 곤충이 아주 많이 모여 있지요.

다른 곤충을 잡아먹어요

잠자리는 빠른 날갯짓으로 애벌레나 어른벌레 가리지 않고 사냥해서 잡아먹는 육식 곤충입니다. 파리매도 잠자리 못지않은 무서운 사냥꾼이지요. 날아다니는 작은 곤충을 공중에서 낚아채어 잡아먹어 '매'라는 이름이 붙었습니다. 특히 뒤영벌파리매는 자신의 몸보다도 큰 사슴벌레 같은 커다란 곤충을 사냥하기도 합니다.

사람에게 해를 끼치는 곤충을 잡아먹어 사람에게 도움을 주는 곤충도 있습니다. 바로 무당벌레입니다. 무당벌레는 식물의 즙을 빨아 먹어 농작물에 해를 끼치는 진딧물을 없애는 농사꾼이지요.

육식 곤충의 제왕이라고 불리는 사마귀는 움직이는 것은 무엇이든 공격해 무자비하게 잡아먹기 때문에 '숲 속의 난폭자'라고 불리기도 합니다. 사마귀는 주로 작은 곤충을 잡아먹지만, 때로는 개구리나 도마뱀, 심지어

뱀 같은 커다란 척추동물까지 잡아먹기도 하지요. 사마귀는 몸길이가 6~8.2㎝로 곤충 중에서 덩치가 큰 편이고, 몸의 색깔은 대부분 녹색이지만 갈색을 띠는 것도 있습니다. 사마귀는 평지나 저수지 주변의 초원에서 살고, 주로 나뭇가지나 잡초 위에 숨어서 사냥을 합니다.

▲ 파리매가 다른 곤충을 잡아먹고 있다. ⓒ BrianAdler@the Wikimedia Commons
▼ 먹잇감인 진딧물을 바라보고 있는 무당벌레. 둘 사이에 긴장감이 느껴진다.
　ⓒ Gilles San Martin(Gilles San Martin@flickr.com)

다른 동물의 피를 빨아 먹어요

다른 동물의 피를 빨아 먹으며 살아가는 곤충도 있습니다. 이런 곤충을 흡혈 곤충이라고 합니다. 대표적인 흡혈 곤충으로는 여름밤 우리를 괴롭히는 모기가 있어요. 모기는 지구에 약 1,500종류나 있습니다. 모기는 다른 곤충처럼 머리·가슴·배 세 부분으로 되어 있고, 머리에는 한 쌍의 더듬이, 한 쌍의 겹눈을 가지고 있어요. 다른 곤충과 다른 점은 대롱 모양의 아랫입술을 가지고 있다는 것입니다. 이 대롱 모양의 입술을 다른 동물의 피부에 꽂아 피를 빨아 먹어요.

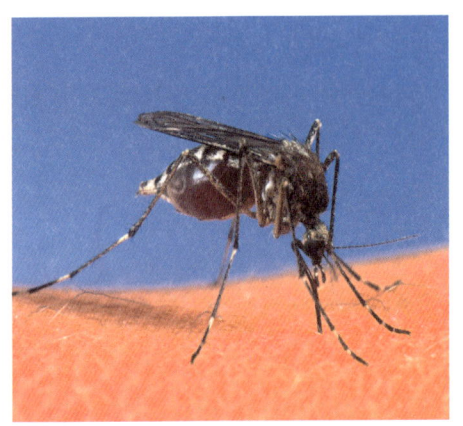

모기는 대롱 모양의 입술로 다른 동물의 피부를 뚫고 피를 빨아 먹는다.

벼룩도 다른 동물의 피를 빨아 먹는 흡혈 곤충입니다. 벼룩은 몸의 길이가 2~4mm밖에 안 되는 아주 작은 곤충이지요. 벼룩은 좌우로 양쪽에서 밀어붙인 것처럼 세로로 납작한 모양이며, 날개와 겹눈이 없고, 보통 두 개의 홑눈만 가지고 있어요. 더듬이는 짧고 굵으며 세 마디이고, 입은 동물의 피부를 찔러

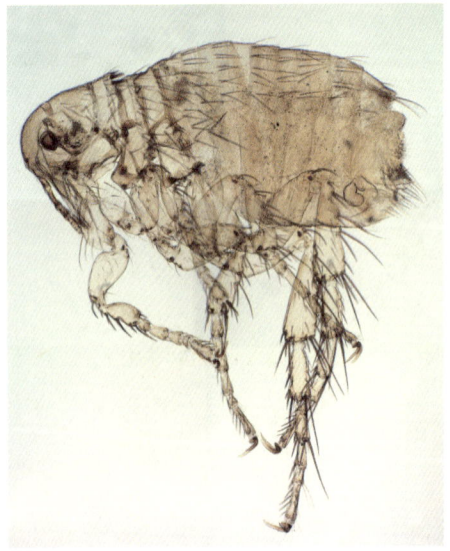

벼룩은 아주 작은 곤충이지만 자기 몸의 100배나 되는 높이까지 뛰어오를 수 있다.
ⓒ Luis Fernández García@the Wikimedia Commons

피를 잘 빨아 먹을 수 있도록 뽀족한 모양을 하고 있습니다.

다리는 잘 발달되어 있어서 밑마디는 매우 크고 발목마디는 다섯 마디, 뒷다리는 펄쩍펄쩍 뛰어오르는 데에 적합하도록 튼튼하게 생겼어요. 몸의 길이가 2~4㎜밖에 되지 않는 작은 곤충인 벼룩은 자신의 몸의 100배나 되는 높이인 20㎝나 뛰어오른 기록이 있습니다.

다른 곤충의 몸속에 들어가서 살아요

다른 곤충의 몸속에 들어가서, 그 곤충의 영양분을 먹이로 살아가는 곤충이 있습니다. 이런 곤충을 기생 곤충이라고 합니다. 맵시벌은 배 끝에 있는 산란관으로 나무속에 있는 딱정벌레 애벌레의 몸속이나, 호랑나비 애벌레의 몸속에 알을 낳아요.

기생 곤충의 영양분이 되는 곤충이나 동물을 숙주라고 합니다. 기생벌의 애벌레들은 기생당한 애벌레들의 몸속에 있는 영양분을 먹고 자라 나와서 고치를 만들지요. 맵시벌이 고치를 튼 번데기에 알을 낳는 경우도 있습니다. 이런 경우, 고치를 뚫고 나오는 것은 딱정벌레나 호랑나비가 아니라 얄미운 맵시벌입니다.

맵시벌은 다른 동물의 애벌레나 번데기 속에 알을 낳는다. ⓒ Gilles Gonthier(Gilles Gonthier@flickr.com)

여치를 마비시킨 홍다리조롱박벌이 땅에 구멍을 파고 있다.
ⓒ Jinsuk Kim(http://www.animalpicturesarchive.com)

홍다리조롱박벌은 여치나 베짱이의 몸에 알을 낳고 사는 기생벌입니다. 홍다리조롱박벌은 먹이로 정한 숙주를 마비시켜서 알에서 깨어난 홍다리조롱박벌의 애벌레들이 서서히 숙주의 몸을 파 먹고 살 수 있게 합니다.

다른 기생 곤충들은 숙주를 마비시키지 않고 숙주와 기생 곤충의 애벌레가 같이 크게 합니다. 그러다 어느 정도 자랐을 때 숙주의 몸 밖으로 나와 고치를 만들고 성충이 됩니다. 바로 이때 숙주 애벌레가 죽지요. 하지만 홍다리조롱박벌은 일단 기생할 곤충을 발견하게 되면 그 곤충을 마비시키고, 땅속에 구멍을 파지요. 숙주가 될 곤충에 알을 낳은 후 땅속 구멍에 숙주를 곱게 묻어 두고, 다른 곤충이 노리지 못하게 숨겨요. 땅속에 있던 홍다리조롱박벌의 알들은 무사히 깨어나서 마비되어 있는 여치나 베짱이의 몸을 먹으며 자라게 됩니다.

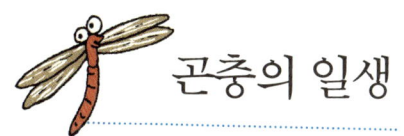
곤충의 일생

사람의 일생은 아기로 태어나서, 자라나 어른이 되어 결혼하고, 또 아기를 낳고, 할머니, 할아버지가 되어 세상을 마감합니다. 그렇다면 곤충의 일생은 어떨까요?

곤충의 탄생은 '알'입니다. 곤충은 짝짓기를 한 후 '알'을 낳습니다. 곤충이 알에서 깨어나면 애벌레가 돼요. 어른벌레와는 아주 다른 모습입니다. 날개도, 껍질도 없이 꾸물꾸물 나뭇잎 사이를 기어 다니며 잎을 갉아 먹고 자라나지요. 애벌레가 어느 정도 자라면 고치를 틀고 번데기가 되어요. 번데기는 살아 있는 곤충이라고 하기 힘들 정도로 움직임이 없지요. 고치를 틀고 나서 어느 정도 시간이 지나면, 고치를 뚫고 어른벌레가 되어 나온답니다. 고치를 틀기 전 애벌레 때와는 완전히 다른 모습이지요.

알

곤충의 알은 그 곤충에 따라 표면이 매끄러운 것, 도랑같이 파인 것, 작은 돌기가 돋아 있는 것 등 다양하지만, 대부분 알의 모양은 타원형이나 원형입니다.

암컷 곤충은 주로 알에서 깨어난 애벌레가 좋아하는 먹이가 있는 곳에 알을 낳습니다. 메뚜기는 꼬리를 땅속에 집어넣고 알을 낳으며, 나비는 애

곤충의 알은 주로 위험에 노출되어 있어 알에서 깨어나 어른 곤충이 될 확률이 적기 때문에 한 번에 많은 알을 낳는다. ⓒ Gary Foster(Gary2863@the Wikimedia Commons)

벌레가 좋아하는 식물의 잎에 알을 낳습니다. 또한 맵시벌은 가늘고 긴 산란관을 이용하여 나무껍질 아래에 사는 다른 곤충의 애벌레 몸속에 알을 낳습니다. 물자라의 경우는 독특합니다. 물자라는 수컷의 등에 알을 낳고 수컷은 알을 항상 지고 다니며 보호합니다.

알 속에서 자란 애벌레는 자신의 힘으로 딱딱한 껍질을 깨고 세상 밖으로 나와야 합니다. 곤충은 보통 수백 개에서 수천 개의 알을 낳아요. 암컷 곤충이 알을 낳을 때 먹이의 양, 온도와 습도 등 주변 환경에 따라 낳을 알의 수를 조절하는 것입니다. 또한 곤충의 알은 주로 위험에 노출되어 다른 곤충들의 먹잇감이 되기 쉽기 때문에, 한 번에 많은 수의 알을 낳아야 어른 곤충이 될 확률이 높아집니다.

애벌레

알에서 깨어난 애벌레가 하는 일은 열심히 먹는 것입니다. 충분히 영양

 섭취를 해야만 고치를 틀고 어른 곤충이 될 수 있기 때문이지요. 애벌레들은 식물의 잎이나 줄기, 썩은 물질, 동물 등 여러 가지를 먹습니다. 어른벌레의 식성과 같은 애벌레도 있지만, 애벌레 때와 어른벌레 때의 식성이 아주 달라지는 곤충도 있답니다.

 나방류의 애벌레들은 알에서 떼를 지어 깨어나 살구나무의 잎을 모두 갉아 먹어 살구나무 한 그루를 초토화해 버리는 일도 있어요. 애벌레 때에 영양 섭취를 많이 해 두어야, 고치를 틀고 어른벌레가 될 준비를 할 때 사용될 에너지를 얻을 수 있어요.

완전탈바꿈

어떤 동물은 어른이 되는 과정에서 아주 짧은 시간에 큰 신체 변화를 겪기도 하는데, 이를 탈바꿈 또는 변태라고 합니다. 특히 곤충류 중에는 애벌레가 어른벌레가 되기 위해 번데기가 되는 과정을 거치는데, 이처럼 번데기 과정을 거치는 탈바꿈을 완전탈바꿈이라고 합니다.

불완전탈바꿈

어떤 곤충은 탈바꿈을 할 때, 번데기 과정을 거치지 않는데 이런 탈바꿈을 불완전탈바꿈, 또는 불완전변태라고 합니다. 이런 곤충은 애벌레일 때 이미 어른벌레의 모습을 일부 갖추고 있답니다.

번데기

열심히 먹어 영양을 충분히 섭취한 애벌레는 번데기 안에서 어른벌레로의 변신을 준비합니다. 그런데 번데기는 완전탈바꿈을 하는 곤충의 성장 과정에서만 볼 수 있고, 번데기 과정이 없이 애벌레에서 바로 어른으로 크는 곤충도 있습니다. 이런 경우를 불완전탈바꿈이라고 합니다. 번데기는 전혀 움직임이 없어서 살아 있는 곤충이라고 생각하기가 어렵지요. 하지만 번데기의 속에서 곤충은 전혀 다른 모습으로 변신할 준비를 하기 위해 매우 바쁘게 활동합니다.

번데기 안에서는 먹이도 먹지 않고 어른벌레로 변신하게 된답니다. 애벌레는 고치를 틀 때가 되어가면, 안전하게 번데기 상태로 지낼 장소를 찾아다니기 시작합니다. 다른 곤충들의 눈에 띄지 않을 만한 안전한 곳에 매달려 번데기가 되기도 하고,

산호랑나비 애벌레가 번데기가 되고 있다. ⓒ Entomolo@the Wikimedia Commons

탈피하고 남은 곤충의 허물. ⓒ Danielle Scott(Danielle Scott@flickr.com)

고치를 만들어서 그 안에서 번데기가 되기도 해요. 또 나무속이나 땅속에서 넓고 안전한 번데기 방을 만들기도 합니다.

불완전탈바꿈을 하는 곤충들은 번데기 속에서 변신을 하는 대신에 여러 번 허물을 벗으며 몸집을 키우는데, 이를 탈피라고 합니다. 불완전탈바꿈을 하는 곤충들은 탈피를 하며 어른벌레로 자라나는 것이지요.

고치

곤충이 실로 지은 집을 말합니다. 애벌레가 번데기 상태가 될 때 스스로를 보호하기 위해 만듭니다.

헬리콥터 날개와 잠자리 날개

잠자리가 헬리콥터 날개를 달았을까요? 아니에요. 헬리콥터가 잠자리의 날개를 단 것이지요. 잠자리의 날개는 얇고 투명해서 손으로 만지기만 하면 바스라질 것처럼 약해 보이는데, 왜 헬리콥터가 잠자리의 날개를 달았을까요? 이 말은 헬리콥터 날개의 원리가 잠자리의 날갯짓을 그대로 따라 했기 때문에 생겼어요.

다른 곤충들은 앞날개와 뒷날개를 함께 움직여 날갯짓을 하는 데 잠자리는 앞날개와 뒷날개를 따로따로 번갈아 가면서 날갯짓을 하지요. 그래서 잠자리는 아주 빠른 속력으로 날 수 있어요. 잠자리는 이렇게 빠른 비행 속력을 이용해 하루에 모기를 200마리에서 500마리까지 잡아먹는 굉장한 사냥꾼입니다.

타고난 사냥꾼 사마귀

사마귀는 머리가 작고 역삼각형으로 생겨서 마치 독사의 머리를 떠올리게 합니다. 사마귀는 머리를 위아래, 좌우로 자유롭게 움직일 수 있어서 먹잇감에게 노출되지 않고 사방에 있는 먹잇감을 잘 관찰할 수 있어요. 양쪽으로 튀어나온 겹눈은 매우 날카로운 인상을 주지요. 시력이 좋아서 밤에도 사냥을 잘합니다. 날카로운 이가 있는 큰 턱은 씹기 적당하도록 잘 발달되어 있어서 아주 큰 곤충도 잡아먹을 수 있습니다.

육식 곤충의 제왕이라 불리는 사마귀는 사냥에 유리한 몸을 가지고 있다. ⓒ Luc Viatour GFDL/CC

낫처럼 생긴 앞다리는 매우 길고 넓적다리마디와 종아리마디에는 가시돌기가 있어서 다리에 먹이를 걸어 정확하게 잡을 수가 있지요. 한번 잡은 먹이는 절대로 놓치지 않습니다. 사냥할 때 이 앞다리를 들어 올려 자르는 듯한 모습을 취하고, 강한 적을 만났을 때에는 앞다리를 양쪽으로 벌려 최대한 크게 보여서 위협하려는 자세를 취해요.

문제 1 거미는 겉보기에 곤충처럼 생겼는데, 곤충이 아니라고 합니다. 거미가 곤충이 아닌 이유는 무엇일까요?

문제 2 곤충은 식물의 잎사귀를 갉아 먹는 등 해를 끼치기도 하지만 유익한 일도 한답니다. 곤충이 식물에게 도움을 주는 일은 어떤 것이 있을까요?

3. 곤충들이 식물의 꽃에 앉아 꿀을 빨아먹기도 하고 꽃가루받이를 돕는 등 좋은 일을 합니다. 그리고 동물이나 사람들이 먹을 음식물에 해를 주어 피해를 입히기도 하고, 애벌레가 식물의 잎을 갉아 먹어 해를 끼치기도 합니다. 이 애벌레들은 새의 먹이가 되어 생태계의 중요한 구성원이 되기도 하고, 몸속에 들어와 병을 옮기기도 합니다. 곰팡이나 해충, 세균을 옮겨 농작물과 가축에 피해를 주는 것도 곤충이 있습니다.

문제 3 사람은 아기로 태어나 자라서 어른이 되고, 나중에는 할머니, 할아버지가 되어서 일생을 마감합니다. 곤충의 일생은 어떨까요?

_____
_____
_____
_____

정답

1. 곤충은 알을 낳습니다. 그후, 때가 이르게 되면 알 속으로부터 유충이 생겨 나오기 시작합니다. 곤충은 이 때에 가장 많이 먹습니다. 그리고 나서 성장하여, 그 다음에는 번데기가 됩니다. 번데기 속에서 곤충이 아니라 또 다른 모습으로 변하게 됩니다.

2. 곤충에게 성장의 크기는 옳습니다. 특히 공충이나 나비 등의 수많은 곤충들에게 모습이 바뀌면서 공기를 먹고 주기에 성장은 공충의 시간의 흐름에 따라 진실하게 합니다.

관련 교과
초등 3학년 1학기 3. 동물의 한살이
초등 3학년 2학기 2. 동물의 세계
초등 6학년 2학기 3. 쾌적한 환경
중학교 3학년 1학기 1. 생식과 발생

2. 곤충의 생활

곤충은 어떻게 생활할까요? 집을 짓고, 짝을 찾고, 가정을 이룰까요? 살아남기 위하여 다른 곤충과 싸움을 하기도 하고, 서로 도움을 주면서 살아가기도 할까요? 그러면 이제 곤충들의 생활에 대해서 알아보아요.

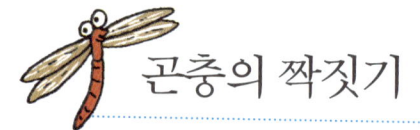
곤충의 짝짓기

교미

새끼를 낳기 위해 암컷과 수컷이 짝짓기하는 것을 교미라고 합니다.

새로운 생명을 탄생시키기 위해서는 곤충도 짝짓기를 해야 합니다. 다 자란 곤충들에게 짝짓기는 아주 중요한 일이지요. 짝짓기를 하기 위한 곤충들의 경쟁은 아주 치열합니다. 암컷들은 강한 수컷과 교미하기 위해, 수컷은 암컷을 차지하기 위해 서로 경쟁을 한답니다.

수컷 매미는 나무에 붙어 울음소리로 암컷 매미를 유혹한다.

소리를 내는 매미

소리를 내어 짝짓기할 대상을 찾는 곤충들이 있습니다. 바로 매미와 귀뚜라미 같은 곤충들입니다. 한여름 밤, '맴맴' 시끄럽게 울리는 매미 소리는 짝을 찾기 위한 울음이랍니다. 암컷 매미들은 더 시끄러운 소리를 내며 우는 수컷 매미에게 매력을 느끼기 때문에, 수컷 매미들은 목청 높여 노래를 부르지요.

수컷 매미들이 나무에 달라붙어 목청 높여 노래를 부르면, 암컷 매미들은 마음에 드는 수컷 매미에게 다가가 짝짓기를 시작합니다. 짝짓기를 끝낸 매미는 나무껍질 등에 한 번에 5~10개씩 알을 낳는데, 약 40곳에 알을 낳습니다. 매미 알의 길이는 약 2㎜정도입니다. 이 알은 바로 부화하지 않고 나무 속에서 약 1년간 있다가 다음 해 여름에 부화해서 땅속으로 들어가게 되지요. 알에서 깨어난 매미의 애벌레는 땅속으로 파고들어서 나무의 뿌리 근처에서 살며 6~10년간 약 15회 정도의 탈피를 하면서 성장하게 됩니다.

참매미의 애벌레 기간은 약 2~3년 정도인데, 17년 동안 애벌레로 지내

저 미스 매미의 심사기준은 누구 목소리가 가장 큰 가입니다.

는 매미도 있습니다. 약 3년간을 애벌레로 지낸 매미는 7월 즈음 나무 위로 올라와서 어른 매미로 변신을 하지요. 매미 애벌레가 날개가 달린 어른 매미로 변신하는 데에는 짧게는 두 시간에서 여섯 시간 정도가 걸리기도 합니다.

  나무줄기나 가지나 잎 뒷면 같은 곳에 앞발의 발톱으로 단단하게 매달린 애벌레가 가만히 기다리고 있다가 힘을 주기 시작하면 곧 등의 허물이 갈라지면서 날개돋이가 시작됩니다. 흙으로 더럽혀진 허물의 갈라진 틈에서 연한 녹색의 싱싱한 몸이 나와요. 10분쯤 시간이 지나면 머리가 완전히 나오고 구겨졌던 날개도 나오게 되지요. 곧 이어서 다리까지 나온 후 매미는 차차 몸을 뒤로 세워서 젖힙니다. 마침내 배의 끝 부분만 허물 속에 남겨 놓고 허물을 벗은 어른매미가 나무에 매달려 있게 됩니다.

탈피를 마친 매미. 오른쪽에 벗어 놓은 허물이 보인다.

약 두 시간 정도 몸을 말리고 성충으로의 생활을 시작합니다. 수컷의 경우에는 이렇게 허물을 벗은 지 약 3~5일 후부터 울기 시작하지요. 야생에서 매미는 약 한 달 정도 살 수 있다고 합니다.

> **성충**
> 알, 애벌레, 번데기 등의 과정을 모두 거치고 다 자란 곤충을 말합니다. 어른벌레와 같은 말입니다.

불빛으로 유혹해요

불빛으로 상대방을 유혹해서 짝짓기를 하는 곤충이 있습니다. 바로 반딧불이랍니다. 개똥벌레라고도 불리는 반딧불이는 몸길이가 12~18㎜로 머리 뒤쪽이 앞가슴 아래에 숨겨져 있습니다. 그리고 작은 딱정벌레와 비슷하게 생겼어요. 앞가슴등판은 앵두색이고, 어두운 갈색 십자형 얼룩무늬가 있습니다. 반딧불이는 여름밤을 불빛으로 환하게 수놓지요. 이 반딧불이를 잡아 모아서 그 불빛으로 책을 읽었다는 옛날이야기도 있습니다.

반딧불이는 꽁무니에서 반짝이는 빛으로 사랑의 신호를 보냅니다. 이렇게 꽁무니에서 상대방을 유혹하는 빛을 내는 반딧불이는 수컷입니다. 암컷을 유혹하기 위한 신호이지요. 반딧불이는 어른벌레가 된 뒤 2~3일 뒤부터 짝짓기를 시작합니다. 암컷 반딧불이는 짝짓기를 한 뒤 4~5일 정도 지나면 밤에 이끼 위에 300~500개의 알을 낳습니다.

알은 20~30일 정도가 지나면 애벌레가 되어 밖으로 나옵니다. 반딧불이의 애벌레는 물속에 살며 다슬기를 먹어요. 애벌레는 250일 동안 여섯 번의 껍질을 벗는 탈피 과정을 거치지요. 애벌레에서 번데기가 되기 위해 비 오는 날 밤에 물속에서 땅 위로 올라옵니다.

약 50일 동안 땅속에 번데기 집을 짓고 그곳에 머물다가 40여 일 후 번

어두운 저녁, 반딧불이들이 숲을 반짝이는 불빛으로 수놓고 있다.
ⓒ Matt MacGillivray(qmnonic@flickr.com)

데기가 되지요. 6월이 되면 어른벌레가 된 반딧불이가 밤하늘에 불을 밝히며 짝짓기 상대를 찾아다닌답니다.

질투의 화신 나비

예쁜 날개로 여유로운 날갯짓을 하며 이 꽃 저 꽃을 옮겨 다니는 나비는 곤충 중에서 가장 화려하고 예쁜 날개를 자랑하지요. 이 나비가 질투가 많은 곤충이라는 사실을 알고 있나요?

수컷 나비는 암컷 나비가 자신과 짝짓기를 한 후, 다른 수컷 나비가 찾아와 또 자신의 암컷 나비와 짝짓기를 하게 될까 봐 불안해합니다. 그래서 수컷 나비는 암컷 나비에게서 수컷 나비들이 싫어하는 냄새가 나도록 '살리실산메틸'이라는 화학물질을 묻힙니다. 다른 수컷 나비와 또다시 짝짓기

짝짓기 중인 나비. 수컷 나비는 짝짓기가 끝난 후 암컷 나비에게 다른 수컷 나비가 접근하지 못하도록 조치를 취하고 떠난다. ⓒ Daniel Schwen(Dschwen@the Wikimedia Commons)

를 하지 못하도록 하기 위해서입니다. 이 살리실산메틸이라는 화학물질은 수컷 나비들이 싫어하는 냄새를 풍기기 때문에, 이 물질을 묻히고 있는 암컷 나비에게는 다른 수컷 나비들이 다가가지 않습니다.

여왕만 알을 낳을 수 있어요

　개미는 하는 일에 따라 여왕개미, 수개미, 일개미 세 종류의 계급으로 나뉩니다. 수개미는 날개가 있고 보통은 여왕개미보다 크기가 작아요. 여왕개미는 암컷으로 크기가 크며, 알을 낳을 수 있는 생식기관이 발달되어 있어서 배가 크답니다. 또 수개미와 여왕개미는 일개미와 달리 날개를 가지고 있어요.

　개미는 계급에 따라 수명도 다릅니다. 여왕개미는 5~10년, 수개미는 약 6개월, 일개미는 약 1년을 살 수 있어요. 일개미는 암컷이지만 생식기관이 발달되어 있지 않아요. 여왕개미는 일개미들의 생식기관 발달을 억제하는 물질을 내뿜기도 합니다.

　그러나 가끔 일개미 중에서도 알을 낳는 경우가 있습니다. 그물등개미는 여왕개미가 따로 없고 일개미들이 알을 낳아요. 일개미는 더욱이 분화되어 소형, 중형, 대형, 병정개미 이렇게 네 종류로 나뉩니다. 하지만 개미의 종류에 따라서는 그 일부만 있는 개미들도 있어요. 병정개미는 크기가 크고, 머리와 큰 턱이 발달되어 적으로부터 방어를 하거나 딱딱한 먹이를 잘게 부수는 역할을 합니다.

여왕개미. ⓒ Ozeye@the Wikimedia Commons　　일개미.

개미는 일반적으로 습도가 높고 맑으며 바람이 없는 날에 짝짓기해요. 짝짓기는 여왕개미와 수개미가 함께 날아올라 비행하는 과정을 통해 이루어지는데, 이를 혼인비행이라고 합니다. 혼인비행이 끝나면 수개미는 곧 죽게 되고, 여왕개미는 날개가 떨어져요. 그리고 여왕개미는 작은 방을 만들고, 그 방에서 알을 낳을 준비를 한답니다. 알을 낳은 여왕개미는 자신의 침샘에서 나오는 분비물로 애벌레를 키웁니다.

처음에 태어난 일개미는 크기가 작지만 먹이를 모으고 애벌레와 여왕개미를 돌봅니다. 일개미의 수가 많아지면 여왕개미는 애벌레 돌보는 일을 그만두고, 알을 낳는 일에만 마음을 쓴답니다.

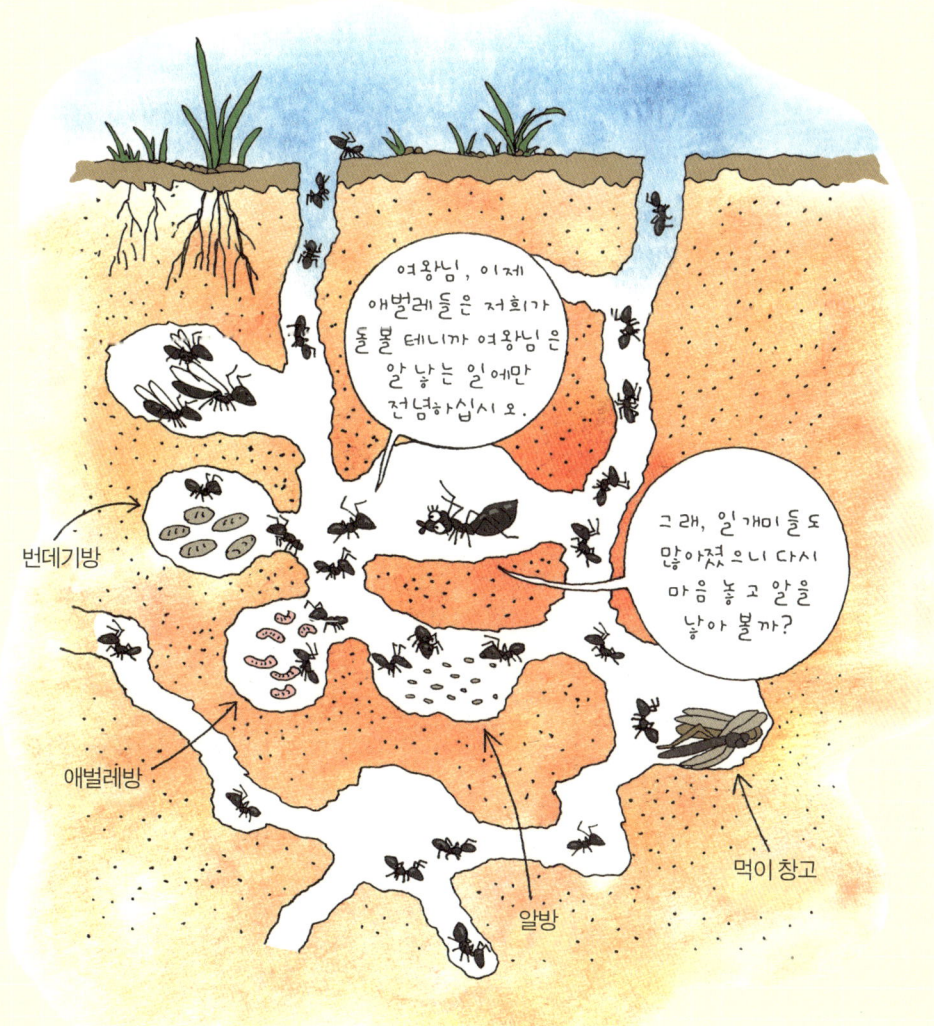

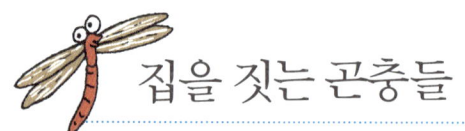집을 짓는 곤충들

곤충도 일정한 살 곳이 필요합니다. 어떤 곤충들은 사람처럼 스스로 집을 만들기도 한답니다. 어떤 곤충이 집을 짓는지, 또 어떻게 집을 짓는지 알아보아요.

숨어 지내기 위해 집을 지어요

명나방 애벌레는 다른 곤충에게 잡아먹히지 않으려고 억새풀 사이에 숨어서 실을 만들어 억새풀로 자신의 몸을 감쌉니다. 명나방 애벌레의 이런

명나방 애벌레가 이파리에 붙어 실을 만들어 내고 있다. ⓒ Gyorgy Csoka, Hungary Forest Research Institute

나뭇잎 뒤에 고치가 단단하게 붙어 매달려 있다. ⓒ Vincent Teeuwen(Vincent Teeuwen@flickr.com)

행동은, 식물의 잎이 광합성을 하지 못하게 하여 잎이 죽게 되고, 그에 따라 식물의 줄기도 죽게 만듭니다. 결국에는 식물 전체가 시들어 버리는 피해를 입히지요.

광합성

식물의 잎에서 빛을 받아 이산화탄소와 수분으로 영양분을 만드는 과정을 광합성이라고 합니다.

질긴 고치를 만들어 몸을 보호해요

나뭇가지에 대롱대롱 매달린 얼기설기 지어진 고치를 본 적 있나요? 이 고치 속에는 애벌레의 번데기가 들어 있습니다. 다른 곤충에게 잡아먹히지 않기 위한 방법이지요.

얼기설기 어설퍼 보이지만 고치는 바람에도 끄떡없이 나뭇가지에 대롱대롱 잘 매달려 있습니다. 고치는 칼이나 가위로 찢어 보려고 해도 잘 찢어

날도래 애벌레의 집.
ⓒ Benny Mazur(Benimoto@flickr.com)

성충이 되어 물 밖으로 나온 날도래. ⓒThomas
Bresson(ComputerHotline@flickr.com)

지지 않을 만큼 아주 질기고 강하답니다.

물속에 집을 지어요

날도래의 애벌레는 물속에서 삽니다. 어른벌레가 되면 물 밖으로 나오지만, 애벌레 때는 물속에서 사는 작은 곤충이나 물풀을 먹으며 지냅니다. 하지만 날도래 애벌레의 몸은 부드럽고 연해서 물고기나 다른 곤충의 먹이가 되기 쉬워요. 그래서 날도래 애벌레가 선택한 방법은 집을 짓는 것입니다. 물속에 있는 모래나 작은 돌, 나뭇잎이나 나뭇가지 따위를 모아서 입에서 나오는 실로 엮어 아주 튼튼한 집을 짓습니다.

날도래는 종류에 따라서 짧게는 몇 달, 길게는 1년이나 2년 동안 애벌레로 살다가 다 자라면 자기가 살던 그 집 안에 고치를 틀고 번데기가 됩니다. 그 후에 어른벌레가 되면 물 밖으로 나오지요. 물속에서 사는 동안은 튼튼한 집 속에서 계속 몸을 숨기고 있는 것입니다. 날도래는 어른 벌레가 되어 짝짓기를 한 후에는 물속에 알을 낳습니다.

아기를 위해 집을 지어요

호리병벌은 아기를 위해 튼튼한 집을 짓습니다. 집을 튼튼하게 짓기 위해 진흙을 모아 버무리지요. 또한 방을 여러 개 나누어 짓는데, 방 하나에 알을 하나씩 낳습니다. 그 방에는 자신의 알과 알에서 깨어난 애벌레가 먹을 다른 곤충의 애벌레를 잡아서 마취하여 넣어 놓습니다.

알에서 깨어난 애벌레는 먹이까지 완벽하게 준비되어 있는 안전한 방 안에서 방해받지 않고 안전하게 자라날 수 있습니다.

43

살아남기 위한 방법

곤충은 적으로부터 살아남기 위해 몸을 숨기거나, 싸우기도 하고, 먹이를 얻기 위해 사냥을 하기도 합니다. 살아남기 위한 곤충들의 방법을 알아보아요.

보이지 않게 몸을 숨겨요

적의 눈에 띄지 않게 몸을 숨기는 곤충이 있습니다. 호랑나비 애벌레는 몸의 색깔이 나뭇잎의 색과 비슷해 잘 눈에 띄지 않지요. 또, 작은 곤충들에게 호랑나비 애벌레는 마치 뱀처럼 보이기도 합니다. 뱀의 머리처럼 호랑나비 애벌레의 머리가 위장하고 있기 때문입니다.

밤나방은 낙엽으로 떨어진 나뭇잎과 날개의 색깔이 비슷하고, 배자바구미는 새똥처럼 보

밤나방과의 거세미나방. 낙엽, 나무껍질 등과 색깔이 비슷해 여간해서는 찾아내기 힘들다.
ⓒ Donald Hobern(dhobern@flickr.com)

자나방의 애벌레. 나뭇가지와 비슷한 모양으로 자벌레라고 불리기도 한다.
ⓒ Leonardo Ré-Jorge(Leonardorejorge@the Wikimedia Commons)

여 다른 곤충이 접근하는 것을 막습니다. 나뭇가지에 딱 붙어 꼼짝 않고 앉아 있으면, 몸의 무늬 때문에 영락없이 새똥처럼 보이기 마련이지요.

쌀도적은 나무껍질의 색과 비슷해서, 나무껍질에 붙어 있으면 발견하기 힘듭니다. 자나방 애벌레는 나뭇가지 색과 비슷해 가지에 달라붙어 있으면 눈에 띄지 않아요. 또 자나방 애벌레는 색깔뿐 아니라 몸의 모양도 나뭇가지와 비슷합니다. 식물에 붙어서 몸을 쭉 뻗은 채 꼼짝하지 않으면, 나뭇가지로 오해할 수밖에 없지요. 가끔 자나방 애벌레를 나뭇가지로 오해한 파리나 개미가 자나방 애벌레의 몸 위를 기어오르는 일도 있답니다.

힘이 센 곤충을 흉내 내요

힘이 센 곤충 흉내를 내서 다른 곤충을 속이는 곤충도 있습니다. 주로 침

등에는 벌의 흉내를 내어 적의 공격을 피한다.
ⓒ Fritz Geller-Grimm(Dysmachus@the Wikimedia Commons)

을 쏘아서 여러 곤충들을 위협하는 벌의 흉내를 많이 냅니다. 등에류의 곤충은 땅벌이나, 호리병벌, 나나니벌의 흉내를 잘 내지요.

벌호랑하늘소는 노란 줄무늬 때문에 꼬마쌍살벌로 오해받기도 합니다. 유리나방은 벌의 특징을 흉내 내지만, 완벽하지 않아 구분하기 쉬워요. 하지만 벌이 아니라는 것을 알아도, 그 비슷한 모습 때문에 선뜻 다가서기가 두렵지요.

죽은 척해서 적을 피해요

죽은 척해서 자신을 위협하는 적을 쫓아 버리는 곤충도 있습니다. 일부러 죽은 척하는 것을 '의사 행동'이라고 하는데, 딱정벌레 무리의 곤충들이 많이 선택하는 방법입니다.

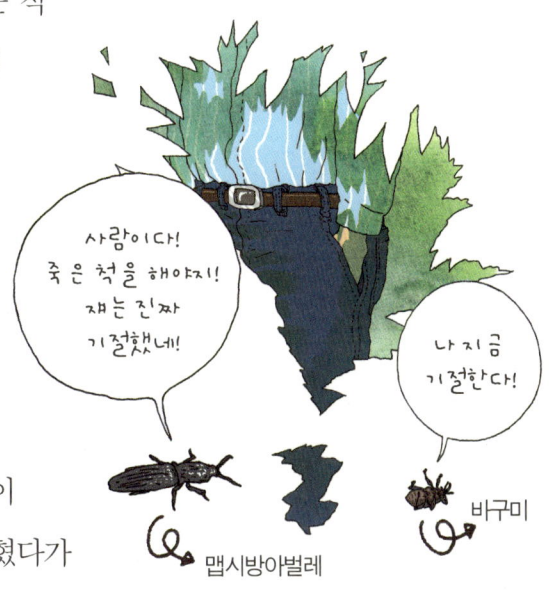

맵시방아벌레는 손으로 잡으면 다리와 더듬이를 모두 움츠리고 죽은 척을 한 다음 사람이 방심한 사이에 가슴을 뒤로 젖혔다가 튀어 올라 도망칩니다.

바구미 종류의 곤충들은 겁이 아주 많아서, 위험을 느끼면 반사적으로 기절을 합니다. 이것은 죽은 척하는 것이 아니라 실제로 기절을 했다가, 시간이 오래 지난 후 깨어나는 것이랍니다.

사슴벌레는 나무 위를 기어 다니다가 적이 나타나면, 나무 밑으로 떨어져 기절한 척합니다. 그러다 적의 움직임을 파악한 후 기회를 봐서 도망치지요. 백합긴가슴잎벌레는 죽은 척하고 꼼짝 않고 있다가, 일어날 때에는 다리를 부르르 떨면서 펴고 정신을 차리지요.

서로 돕고 살아요

개미가 진딧물의 분비물을 처리하고 있다.
ⓒ Jmalik@en.wikipedia.org

　개미와 진딧물은 서로 돕고 사는 곤충들입니다. 개미는 진딧물을 먹어 치우는 무당벌레로부터 진딧물들을 보호해 주고, 진딧물은 자신의 분비물을 개미의 먹이로 제공해 주지요.

　진딧물의 분비물은 단백질로 이루어져 있는데, 개미가 이것을 먹어 치우지 않으면 단백질이 딱딱하게 굳어서 진딧물은 꼼짝달싹 못하게 됩니다. 진딧물에게 개미는 자신의 분비물을 처리해 주고 적도 막아 주는 고마운 곤충이고, 진딧물은 개미에게 영양가 높은 먹이를 제공해 주는 고마운 곤충입니다.

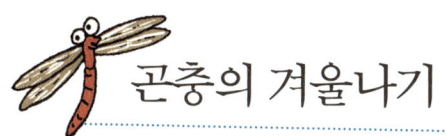 # 곤충의 겨울나기

수풀이 우거진 한여름은 여러 가지 곤충을 관찰하기에 제일 좋은 계절입니다. 흰 눈으로 덮인 겨울에는 곤충을 관찰하기가 정말 힘들어요. 추운 겨울, 곤충들은 어떻게 겨울을 나는지 알아보아요.

알로 지내요

대부분의 곤충은 알의 형태로 겨울을 보냅니다. 알 속에 있을 때에는 움직임이 없기 때문에, 에너지 소비가 거의 없고 추위를 막는 물질 속에 있기 때문입니다.

왕사마귀의 알은 건조한 점액질로 둘러싸인 알집에서 겨울을 나지요. 이 알집은 왕사마귀가 알을 낳을 때 함께 나온 거품이 굳어서 만들어진 것입니다.

귀뚜라미는 가을철에 울음소리를 내어 짝을 찾아 짝짓기를 한 후, 추운 겨울이 되기 전인 늦가을에 땅속에 알을 낳지요. 알 상태로 겨울을 난 귀뚜라미는 따뜻해지는 5월이나 6월쯤 애벌레로 태어난답니다.

무리를 지어서 겨울을 지내요

곤충은 무리를 지어서 겨울을 지내기도 합니다. 개미들은 나무속에서

집단으로 겨울을 납니다. 나무속에서 매서운 바람을 피하고, 서로의 체온으로 추위를 이기는 데 도움을 받기도 해요.

무당벌레도 늦가을이 되면 곳곳에 있던 무당벌레들이 한 장소로 몰려듭니다. 무리를 지어서 나무껍질이나 낙엽 밑에서 겨울을 나지요. 구슬무당거저리와 왕버섯벌레도 나무속으로 모여 추위를 피합니다.

겨울잠을 자요

곰이나 개구리처럼 추운 겨울을 보내기 위해 겨울잠을 자는 곤충이 있습니다. 여왕개미는 나무껍질 밑에 적당한 공간을 만들고 그 속에 숨어서 혼자 겨울잠을 잡니다. 겨울을 잘 견뎌 내어야 봄이 되면 또다시 개미군단을 거느릴 수 있기 때문입니다.

진홍색 방아벌레도 어른벌레가 된 상태로 썩은 나무속을 찾아 들어가 겨울잠을 자며 보냅니다. 애사슴벌레는 애벌레일 때 한 번, 어른벌레가 되어서 또 한 번, 이렇게 평생 두 번의 겨울잠을 잡니다.

Q&A 꼭 알고 넘어가자!

문제 1 반딧불이는 꽁무니에서 반짝이는 빛을 냅니다. 그 이유는 무엇인가요?

문제 2 곤충도 사람처럼 집을 짓습니다. 그리고 집의 종류도 다양하지요. 곤충들은 어떤 집을 짓고 살까요?

잇가지나 작은 모래, 돌 등을 모아 집을 짓습니다. 호리병벌은 특이하게도 진흙을 모아 버무려서 집을 지어요. 아기를 위해 진흙으로 튼튼한 집을 짓는 것입니다.

3. 대부분의 곤충은 알의 형태로 겨울을 보냅니다. 알 속에 있을 때에는 움직임이 없기 때문에 에너지 소비가 거의 없고 추위를 막기도 쉽기 때문이지요. 짝짓기를 한 곤충들이 늦가을 땅속에 알을 낳으면 알 속에서 겨울을 보낸 생명들이 봄이 되면 깨어나기 시작합니다. 또 겨울잠을 자면서 겨울을 보내는 곤충도 많습니다. 여왕개미나 방아벌레, 사슴벌레 등은 땅속이나 나무속에서 잠을 자며 추운 겨울을 보낸답니다.

문제 3 곤충은 추운 겨울이 되면 활동하기가 어렵답니다. 곤충은 겨울을 어떻게 날까요?

_____

_____

_____

_____

정답

1. 곤충은 종류에 따라 겨울나기를 합니다. 겨울나기는 다 자란 곤충들에게는 아주 중요한 행위입니다. 곤충 세계에서는 겨울나기를 월동이라 합니다. 싸인다, 숨는다, 알을 낳는다 등의 뜻을 가지고 있습니다. 곤충의 월동방법으로는 크게 나누어 알로 겨울나기, 애벌레로 겨울나기, 번데기로 겨울나기, 성충으로 월동하기 등의 방법이 있습니다. 번데기로 월동하는 수가 가장 많고 다음이 알로 월동하는 것입니다.

2. 곤충은 다양한 장소에서 겨울을 납니다. 많은 애벌레나 나방들은 땅속이나 돌 틈에서 겨울잠을 자기도 합니다. 또 애벌레들은 땅 위에 쌓인 낙엽들 밑이나 고목의 껍질 사이로 들어가 몸을 보호하기도 합니다.

관련 교과
초등 3학년 1학기 　3. 동물의 한살이
초등 3학년 2학기 　2. 동물의 세계
초등 6학년 1학기 　3. 계절의 변화
초등 6학년 2학기 　3. 쾌적한 환경

3. 들판에서 사는 곤충들

들판을 날아다니는 예쁜 날개 모양을 가진 나비들, 부지런히 꽃 사이를 옮겨 다니며 꿀을 모으는 벌들, 들판을 기어 다니는 개미들. 이런 곤충들은 여러 곳에서 볼 수 있지만 특별히 들판에는 어떤 곤충들이 누비고 있는지 알아보아요.

예쁜 날개를 가진 나비

꽃들 사이를 팔랑거리며 날아다니는 나비를 본 적이 있을 거예요. 우리가 흔히 생각하는 나비는 예쁜 꽃들 사이를 누비며 긴 대롱을 꽂아 꿀을 빨아 먹는 곤충이지요. 하지만 이외에도 나비의 종류는 여러 가지입니다.

진드기를 먹는 바둑돌부전나비

바둑돌부전나비는 꿀을 먹지 않고 진드기를 먹고 삽니다. 바둑돌부전나

비는 날개에 바둑돌 무늬처럼 검은 동그라미 무늬가 새겨져 있답니다. 그래서 바둑돌이라는 이름이 붙었어요.

이 나비는 가느다란 대나무처럼 생긴 조릿대라는 식물에서 살아요. 그리고 일본납작진딧물이라는 하얀 진딧물을 먹으며 지냅니다. 이 진딧물은 식물의 진을 먹고 살아 농작물에 피해를 주는 곤충이랍니다. 바둑돌부전나비의 암컷은 일본납작진딧물이 모여 있는 곳에 알을 낳습니다. 알을 깨고 나온 바둑돌부전나비의 애벌레들은 일본납작진딧물을 먹으며 자라나, 나비가 되어서도 이 진딧물들을 잡아먹고 살지요.

쌀농사에 피해를 주는 줄점팔랑나비

쌀농사에 피해를 주는 나비도 있습니다. 바로 줄점팔랑나비입니다. 이 나비는 마을이나 개울 가까이에 사는 작은 나비예요. 이 나비는 날개를

줄점팔랑나비는 벼 잎 위에 알을 낳고, 벼 잎 위에서 깨어난 줄점팔랑나비 애벌레는 벼 잎을 갉아 먹어 벼 농사에 피해를 준다. ⓒ kumon@flickr.com

이삭

가을 무렵 논에 노랗게 익어 가는 벼를 본 적이 있나요? 쌀이 열린 벼는 그 무게 때문에 고개를 숙이고 있답니다. 이처럼 벼, 보리 등의 곡식은 꽃이 피고 난 뒤 꽃대 끝에 열매가 더부룩하게 많이 열리는데, 이렇게 열매가 열리는 부분을 이삭이라고 합니다.

다 편 길이가 32~37mm밖에 되지 않는답니다. 날개에 하얀 점이 이어져 있어서 줄점팔랑나비라는 이름이 지어졌습니다.

엉겅퀴꽃이나 국화꽃, 메밀꽃, 고마리꽃에서 꿀을 빨거나 썩은 과일에서 즙을 빨아 먹고 살지요. 하지만 벼들이 무르익는 7월 초부터 8월 초 사이에 논에 날아와서 벼 잎 위에 알을 하나씩 군데군데 낳습니다.

벼농사에 피해를 주는 것이 이 줄점팔랑나비의 애벌레입니다. 알에서 깨어난 애벌레들은 벼 잎 서너 장을 한데 말아서 대롱 모양으로 집을 만듭니다. 그리고 애벌레들이 커 가면서 벼 잎을 더 많이 모아서 집을 크게 만듭니다. 낮에는 집 속에 숨어 있다가 해가 지면 밖으로 나와서 벼의 잎들을 갉아 먹지요. 심할 때는 벼의 잎을 모조리 다 갉아 먹어서 이삭이 제대로 여물지 못하게 하기도 합니다.

여름잠을 자는 각시멧노랑나비

겨울잠이 아니라 여름잠을 자는 나비도 있습니다. 넓은잎나무가 많은 산길이나 숲 가장자리에 사는 각시멧노랑나비이지요. 각시멧노랑나비는 꽃에 앉아 있는 모습이 마치 수줍은 새색시같이 다소곳하고 고와서 붙여진 이름이랍니다.

각시멧노랑나비는 초여름에서 한여름이 되기 전까지 산과 들에서 나무 사이를 나풀나풀 날아다닙니다. 초여름에 잠깐 날아다니다가 7월 중순이 넘어 날씨가 아주 더워지면 한 달쯤 여름잠을 잡니다.

여름잠을 자던 각시멧노랑나비는 무더위가 한풀 꺾인 8월 말이 되어 선선해지면 잠에서 깨어나 초가을까지 지내다가 다시 겨울잠을 자지요. 겨울잠을 자고 난 각시멧노랑나비는 날개에 밤색 점이 많이 생기고 색이 바랩니다.

다리가 네 개인 네발나비

다리가 네 개인 나비가 있을

네발나비도 실제로는 여섯 개의 다리를 가지고 있지만 쓰지 않는 두 다리가 작아져 잘 보이지 않는다.

까요? 곤충의 다리는 여섯 개이어야 하는데 다리가 네 개인 나비는 있을 수가 없겠지요. 하지만 네발나비는 다리가 네 개라 하여 붙여진 이름이랍니다. 그렇다고 네발나비의 다리가 정말 네 개는 아닙니다. 두 개의 다리는 거의 사용하지 않아서 눈에 띄지 않을 만큼 아주 작아졌기 때문에 생긴 오해입니다.

네발나비는 논밭 언저리나 개울가, 낮은 산의 숲 가장자리나 도시의 빈터 등 어느 곳에서나 흔하게 볼 수 있는 나비입니다. 여름에는 개망초에서 꿀을 빨아 먹거나 소나무나 전나무의 진을 먹으며 살아가지요. 또, 가을에는 코스모스, 구절초, 국화에서 꿀을 빨아 먹거나 썩은 감에서 즙을 빨아 먹으며 삽니다.

 무서운 침을 가진 벌

무서운 침으로 적을 공격하는 벌도 들에 사는 대표적인 곤충입니다. 흔히 벌들은 벌집을 짓고 단체 생활을 하고, 꿀을 따서 먹고 산다고 알고 있지만 벌들의 세계도 다양합니다.

잎으로 집을 짓는 장미가위벌

잎으로 집을 짓는 벌이 있습니다. 바로 장미가위벌이지요. 장미가위벌은 땅속에 구멍을 뚫고, 오려 온 잎으로 집을 만들며, 그 속에 알을 낳습니

장미가위벌이 오려 낸 나뭇잎. 장미가위벌은 입으로 나뭇잎을 오려 내고, 오려 낸 나뭇잎들을 모아 집을 만든다. ⓒ Lamiot@the Wikimedia Commons

다. 알을 낳기 위해 장미가위벌은 열심히 구멍을 파고, 잎을 오려다 모아 집을 짓고, 그 집 안에는 알에서 깨어난 애벌레들이 먹을 꽃가루도 준비해 두어요. 알에서 깨어난 애벌레들은 집의 재료가 되는 잎을 갉아 먹고, 집 속에 모아 놓은 꽃가루를 먹으며 어른벌레가 됩니다.

떼를 지어 공격하는 땅벌

양지바르고 메마른 곳을 좋아해 밭둑이나 무덤가에 집을 짓는 땅벌은 땅속에 집을 짓고 삽니다. 그래서 이름도 땅벌이라고 지어졌지요. 땅벌의 집은 말벌의 집처럼 크고 둥급니다. 겉으로 보기에는 흙에 조그만 구멍이 나 있을 뿐이어서 눈에 잘 띄지 않아요. 다만 땅벌이 그 구멍 안으로 드나 드는 것을 보고 땅벌의 집이 있다는 것을 알 수 있지요.

땅벌은 건드리지 않으면 쏘지 않지만, 잘못해서 벌집을 밟거나 건드리면 떼로 덤벼듭니다. 도망을 가도 수많은 벌떼들이 끈질기게 달라붙어 쏘기 때문에 심할 때는 사람이나 짐승이 목숨을 잃기도 해요. 땅벌이 떼를 지어 쫓아올 때에는 물속으로 뛰어들어 몸을 감춰서 따돌리는 것이 좋은 방법입니다.

땅벌에게 쏘인 자리는 부어오르며 아프고, 간지러워요. 산에 놀러 갔다가 땅벌에 물렸을 때에 가렵다고 긁으면 상처가 덧납니다. 침을 발라 상처 부위를

땅벌은 작지만 잘못 건드리면 떼를 지어 공격하기 때문에 잘못하면 목숨을 잃을 수도 있다.

중화하는 응급 처치를 하고, 산에서 내려와 연고를 바른 후 부은 부위에 얼음찜질을 해 주어야 합니다.

혼자 사는 호리병벌

벌들은 무리를 지어 생활하며 여왕벌을 중심으로 각자의 할 일들을 나누어 생활하는 것으로 유명합니다. 하지만 혼자 사는 벌도 있답니다. 바로 호리병벌이지요.

호리병벌은 들이나 풀이 많은 곳에서 혼자 살면서 여러 가지 꽃에서 꿀과 꽃가루를 먹습니다.

호리병벌은 호리병 모양의 집을 짓기 때문에 붙은 이름이다. ⓒ L. Shyamal(Shyamal@the Wikimedia Commons)

호리병벌은 집을 호리병 모양으로 짓기 때문에 붙여진 이름이에요. 호리병벌은 여름날, 하루 동안 개울이나 냇가에 있는 진흙을 둥글게 뭉쳐서 입으로 물고 날아가 풀줄기나 나뭇가지에 붙여서 집을 만듭니다. 그리고 그 안에 알을 하나 낳아요.

알 한쪽 끝을 집 안 벽에 붙여 놓고는 알에서 깨어난 애벌레가 먹을 나비나 나방 애벌레를 잡아 집에 가득 채우고 구멍을 막습니다. 그러고는 또 다른 곳에 날아가 집을 짓고, 알을 낳지요. 알에서 깨어난 애벌레는 어미벌이 넣어 둔 먹이를 먹고 자랍니다. 집 안에 꽉 찰 정도로 몸이 자라면 입에서 실을 토해서 그물을 치고 번데기가 된 후 어른벌레가 되어서야 흙벽을 갉아 내고 빠져나옵니다.

벌들의 왕, 말벌

말벌은 벌 가운데에서도 가장 세고, 침의 독성도 강하다. ⓒ Alvesgaspar@the Wikimedia Commons

벌 가운데에 가장 사납고 몸집도 크고 힘도 센 벌은 바로 말벌입니다. 말벌의 몸은 가늘지만 튼튼하게 생겼어요. 말벌은 꿀벌과 다르게 침을 쏘고 나서도 그 침이 몸속에서 빠져나가지 않아서 여러 번 침으로 공격할 수가 있어요. 또 말벌의 침은 독침이어서 말벌에게 쏘이고 나면 많이 부어오르고 후끈후끈 열이 나면서 아픕니다.

말벌은 한 집에 수백 마리가 모여 살아요. 여왕벌, 수벌, 일벌로 역할이 나뉘어져 있는데, 일벌이 집을 짓고 집안일을 맡아 하지요. 말벌은 사람들이 꿀을 얻으려고 만들어 놓은 벌통 가까이에 집을 지어서 꿀벌 애벌레나 알을 잡아먹고 벌집까지 부수어 버리기도 합니다. 그래서 꿀을 얻기 위해 벌을 기를 때에 근처에 말벌집이 있으면 큰 피해를 보게 됩니다.

들판에서 사는 다른 곤충들

벌과 나비 말고도 들판에는 여러 곤충들이 살고 있습니다. 그러면 어떤 곤충들이 살고 있는지 살펴볼까요?

열심히 흙집을 짓는 노랑점나나니

비가 온 후 젖은 흙을 이용해 부지런히 경단을 빚는 곤충이 있습니다. 노랑점나나니입니다. 노랑점나나니는 땅속에 머리를 박고 젖은 흙을 열심히 긁어모아 앞다리와 입을 이용해 동그란 경단을 만들어요. 그리고 만들어진 경단을 입에 물고는 집을 지을 장소로 날아갑니다.

차곡차곡 쌓인 경단을 이용해 새끼들을 키울 흙집을 지어요. 흙집 속에는 알에서 깨어난 애벌레가 먹을 먹이를 넣어 두기도 하지요.

노랑점나나니 애벌레의 먹이가 무엇인 줄 아세요? 바로, 거미랍니다. 거미는 거미줄을 쳐서 곤충을 잡아먹는 동물인데, 노랑점나나니는 이런 거미를 잡아 마비시켜서 애벌레가 먹을 수 있도록 합니다.

경단

찹쌀가루를 물과 섞어 반죽합니다. 그리고 밤톨만 한 크기로 동그랗게 빚어서 끓는 물에 삶아요. 여기에 고물을 묻히거나 꿀을 발라서 만든 떡을 경단이라고 합니다. 그런데 실제로는 떡이 아니지만 경단과 비슷한 모양을 가진 것들을 경단이라고 부르기도 한답니다.

찌르르 우는 여치

칫 찌르르, 칫 찌르르. 여름 들판을 울리는 소리가 있습니다. 바로 크고 뚱뚱한 수컷 여치가 암컷을 찾아 우는 소리입니다. 여치는 유난히 몸이 크고 뚱뚱하기도 합니다. 게다가 앞날개에 검은 점무늬가 있어서 알아보기 쉽습니다.

수컷 여치는 여름철 낮에 칡덩굴이나 나무딸기 같은 덤불 사이에 숨어서 가시덤불 하나를 자기 집으로 삼고 '칫 찌르르, 칫 찌르르' 암컷을 부르는 노래를 하지요. 이 소리는 오른쪽 앞날개의 가장자리와 왼쪽 앞날개 아랫면에 있는 마찰판이라는 까끌까끌한 부분을 비벼서 내는 소리입니다. 오른쪽 날개 아래에 있는 넓은 부분을 통해 이 소리가 크게 울려 퍼지

수컷 여치는 앞날개를 비벼서 암컷을 유혹하는 소리를 낸다. ⓒ Greg Schechte(GregTheBusker@flickr.com)

게 된답니다.

　여치의 울음소리를 듣고 찾아온 암컷은 수컷과 짝짓기를 하고 알을 낳습니다. 큰 소리로 노래하는 수컷 여치에게 매력을 느끼는 암컷 여치들 때문에 수컷 여치들은 더 큰 소리로 노래하기 위해 부지런히 앞날개를 비벼 댑니다.

식물의 뿌리를 갉아 먹는 땅강아지

　식물의 뿌리를 갉아 먹어서 농작물에 피해를 주는 곤충이 있습니다. 땅속에서 굴을 파고 다니고, 알도 땅속에 낳는 땅강아지가 바로 농작물을 해

치는 곤충이랍니다. 땅강아지는 날개가 있어서 이리저리 날아다니기도 하고, 물에서 헤엄도 잘 칩니다.

  땅강아지의 앞다리는 짧고 납작한 데다가 갈퀴처럼 생겨서 땅속에 굴을 파기에 제격입니다. 땅강아지가 땅을 파 놓은 곳의 흙은 부슬부슬해집니다. 이런 흙이 있는 곳을 파 보면 땅강아지의 새끼들이 많이 모여 있어요. 땅강아지는 땅속을 파고 다니면서 식물들의 뿌리를 잘 갉아 먹어요. 특히 땅속에서 자라는 인삼이나 땅콩에 큰 피해를 주지요.

  땅속에서 자라던 채소들은 땅강아지가 지나가고 나면 뿌리가 상해 버립니다. 그리고 나면 식물은 점점 시들다가 말라 죽게 되고, 씨앗들도 뿌리

땅강아지는 땅속을 파고 들어가 식물의 뿌리를 갉아 먹기 때문에 식물에 큰 피해를 준다.
ⓒ JorritvWamelimage@the Wikimedia Commons

를 내리지 못하지요. 또, 땅강아지는 논둑에 구멍을 내기도 합니다. 그 결과 고여 있어야 할 논물이 새어서 벼농사에 피해를 주기도 해요.

떼를 지어 날아다니는 벼메뚜기

먹이를 찾아 10억~100억 마리씩 떼를 지어 날아다니는 곤충이 있습니다. 바로 벼메뚜기입니다. 벼메뚜기의 습격을 받은 논은 아주 큰 피해를 보게 되지요.

벼메뚜기들은 아프리카에 사는 수억 마리의 메뚜기 떼들이 수억 마리가 떼를 지어서 인도까지 날아갈 정도로 굉장한 비행 실력을 가지고 있습니

벼메뚜기는 녹색 몸을 가지고 있지만, 가을이 되면 벼의 색깔을 따라 누렇게 몸의 색깔을 바꾼다.
ⓒ Yasunori Koide(Tarabagani@the Wikimedia Commons)

다. 바람을 타고서 하루에 30~40㎞에서 많게는 100㎞까지 날아간다고 합니다.

봄에 벼메뚜기는 애벌레 때부터 논에서 벼 잎을 갉아 먹고, 어른벌레가 된 늦여름부터 가을 사이에는 벼 잎과 이삭 목을 갉아 먹습니다. 벼들이 누렇게 익는 가을이 되면 메뚜기도 눈에 띄지 않게 풀색에서 누런색으로 몸의 색깔을 바꾼답니다.

요즘같이 농약을 사용해 농사를 짓는 논에서는 벼메뚜기를 보기 힘들지만, 농약을 뿌리지 않은 논이나 물기가 많은 풀밭에 가면 벼메뚜기를 볼 수 있습니다.

피서를 가는 고추좀잠자리

가을날 들판을 누비는 고추좀잠자리도 더운 여름에는 피서를 간답니다. 산꼭대기는 한여름이 되어도 기온이 선선하지요. 한여름 더위를 피해 산으로, 바다로 피서를 가는 사람들처럼 고추좀잠자리도 산꼭대기로 몰려들어 더위를 식힙니다.

너무 더운 여름이나 추운 겨울에는 활동을 중지하고 여름잠, 겨울잠을 자는 곤충이 있는데, 고추좀잠자리는 활동을 쉬기보다는 더운 곳을 피해 선선한 곳으로 자리를 옮기는 방법을 선택한 것입니다.

문제 1 곤충의 다리는 여섯 개인데, 네발나비라는 이름을 가진 나비가 있어요. 네발나비는 정말 다리가 네 개일까요?

문제 2 땅벌은 잘못 건드리면 떼로 공격하고 침을 쏘기 때문에 아주 위험해요. 땅벌의 공격을 받는다면 어떻게 대처해야 할까요?

---

3. 응급실로 갑니다. 벌에 쏘인 후에 응급 증상이 애들리거나 아나필락시스 쇼크가 일어날 때 응급 처치를 한 뒤에도 증상이 가라앉지 않으면 즉시 가까운 병원 응급실로 가야 합니다. 특히 땅벌의 공격으로 벌침에 쏘이거나 아나필락시스 쇼크가 일어나면 즉시 응급실로 가야 합니다.

2. 숨을 피해를 최소한으로 줄이고, 독사양이 퍼지는 것을 막기 위해 벌에 쏘인 부위에 얼음이나 찬물을 대 주면 좋습니다. 벌에 쏘인 후 피부에 염증이 생기거나 통증이 심하면 병원에 가서 치료를 받아야 합니다.

1. 우선 침착하게 대응합니다. 땅벌이 공격해 오면 머리를 감싸고 그 자리에서 최대한 움직이지 않아야 합니다. 땅벌은 움직이는 물체를 공격하기 때문에 움직이지 않으면 공격을 멈춥니다.

답을 돕니다.

문제 3 들에 사는 곤충들 중에는 농사에 피해를 주는 곤충들도 있어요. 어떤 곤충들이 농사에 피해를 줄까요?

정답

1. 곤충은 여섯 개의 다리를 가지고 있답니다. 여덟 개의 다리를 가지고 있는 거미는 곤충이라고 하지 않지만 네발나비는 엄연히 곤충이에요. 사실 네발나비의 다리도 여섯 개랍니다. 잘 쓰지 않는 두 다리가 퇴화되어 잘 보이지 않기 때문에 네발나비라고 부릅니다.

2. 땅벌은 건드리지만 않으면 쏘지 않지만, 잘못 건드리면 떼로 덤벼듭니다. 벌들이 떼로 달라붙어 쏘기 때문에 심하면 사람이나 동물이 목숨을 잃을 수도 있어요. 땅벌이 떼를 지어 공격하면 물로 뛰어들어 몸을 숨기는 것이 좋습니다. 땅벌에게 쏘인 자리는 부어오르고, 아프고, 간지럽지만 긁으면 상처가 덧나기 때문에 함부로 만지면 안 됩니다. 침을 발라 상처 부위를 중화하고, 산에서 내려오면 연고를 바른 후에 얼음찜질을 해 주면 좋습니다.

관련 교과
초등 3학년 1학기 3. 동물의 한살이
초등 3학년 2학기 2. 동물의 세계
초등 6학년 1학기 3. 계절의 변화
초등 6학년 2학기 3. 쾌적한 환경

4. 숲에서 사는 곤충들

숲에 사는 곤충들은 무성한 나무의 그림자에서 휴식을 취하고, 흘러나오는 나무 진을 빨아 먹고, 나무 속에 집을 짓고, 숲에 널린 먹잇감들을 먹으며 생활합니다. 그러면 숲에는 어떤 곤충들이 사는지 알아봅시다.

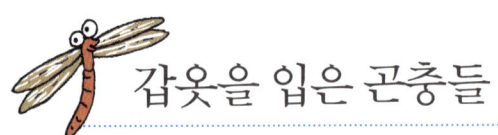 갑옷을 입은 곤충들

 산에 가면 마치 단단한 갑옷을 입은 듯한 곤충들을 볼 수 있습니다. 특히 여러분이 좋아하는 사슴벌레가 그렇지요. 어떤 곤충이 단단한 갑옷을 입고 있을까요?

예쁜 색동옷을 입은 길앞잡이

 산길을 걷다 보면 마치 길을 안내해 주려는 것처럼 펄쩍 뛰어 저 앞에 앉았다가 다가가면 또다시 펄쩍 뛰어 저 앞으로 날아가는, 색동옷을 입은 곤

길앞잡이는 알록달록 예쁜 모습을 하고 있지만 무시무시한 사냥꾼이다.
ⓒ Richard Bartz, Munich aka Makro Freak(Richard Bartz@the Wikimedia Commons)

충을 만날 수 있습니다. 이런 행동 때문에 이 곤충은 '길앞잡이'라는 이름을 얻게 되었지요. 그러나 이렇게 예쁜 모습을 한 길앞잡이는 무시무시한 사냥꾼입니다. 긴 다리로 쏜살같이 달려가 날카로운 턱으로 사냥감을 덥석 물어 버리고 아무 곤충이나 마구 사냥하는 무서운 곤충이지요.

그런데 이 길앞잡이의 애벌레도 만만치 않은 사냥꾼이랍니다. 애벌레이기 때문에 많이 돌아다니면서 사냥을 하지는 못하지만, 땅속에 구멍을 파고 그 안에 숨어 있다가 지나가는 곤충을 잽싸게 낚아채어 땅속으로 끌고 들어가 잡아먹지요. 길앞잡이의 애벌레가 파 놓은 구멍은 주변이 매우 깔끔하고 수직으로 곧게 뚫려 있습니다. 그 속에서 애벌레는 똑바로 몸을 세우고 곤충이 지나가기만을 기다리고 있어요.

늠름한 자태를 뽐내는 넓적사슴벌레

딱정벌레 중에서도 힘이 세고 늠름한 자태를 가진 넓적사슴벌레를 만나려면, 참나무 밑동을 살펴보아야 합니다. 사슴벌레의 애벌레들이 참나무의 속을 파먹고 살아가며 겨울을 나기 때문입니다. 이 애벌레들을 참나무 밑동과 함께 가져와 무사히 자라도록 돌봐주면, 여름철에는 어른벌레가 된 사슴벌레를 만날 수가 있습니다.

여름에 사슴벌레를 만나려면 해 질 때쯤 참나무에 가 보세요. 어두워질 무렵, 참나무의 상처가 난 곳에서 흐르는 진을 먹기 위해 낮 동안 숨어 있던 사슴벌레들이 나무로 올라와 참나무 수액 파티를 열기 때문입니다.

사슴벌레들은 크고 집게처럼 생긴 턱을 이용해 자주 싸움을 합니다. 수컷들은 먹을 것을 빼앗기 위해서 또는 암컷을 차지하기 위해서 싸움을 하고, 암컷들은 알을 낳기 좋은 장소를 두고 서로 싸웁니다.

◀ 사슴벌레는 집게처럼 생긴 긴 턱을 이용해 자주 싸운다. ⓒ Takato Marui(m-louis@flickr.com)
▶ 쇠똥구리가 소똥 경단을 만들고 있다. ⓒ Andrew Ross(andrew_ross@the Wikimedia Commons)

소똥을 먹는 쇠똥구리

소똥을 먹으며 살아가는 곤충이 있습니다. 더럽다고 생각할 수 있지만, 풀을 먹고 사는 소의 똥에는 덜 소화된 풀과 영양분이 많기 때문에, 곤충에게는 아주 훌륭한 양식이 됩니다.

쇠똥구리는 소똥이나 말똥이 있는 곳에서 똥을 먹고 살아요. 어른벌레는 똥을 경단처럼 동그랗게 빚어서 미리 파놓은 굴로 굴려서 가지고 가지요. 그리고 그 소똥 경단 속에 알을 낳아 알에서 깨어난 애벌레가 소똥 경단을 먹고 자랄 수 있게 합니다.

쇠똥구리는 소의 똥을 먹고, 소똥 냄새를 맡고 달려드는 파리를 쫓아 버리기 때문에 사람에게 도움을 주는 곤충입니다. 하지만 요즘은 소에게 사료를 먹이고, 땅이 농약으로 점점 오염되어 우리나라에서는 쇠똥구리를 보기 어렵습니다.

해변에서 사는 딱정벌레

무더운 여름 해변에서 만나 볼 수 있는 딱정벌레가 있습니다. 큰조롱박먼지벌레와 가는조롱박먼지벌레이지요. 둘이 생김새는 비슷하지만, 큰조롱박먼지벌레의 크기가 훨씬 큽니다. 가는조롱박먼지벌레는 바닷물과 가까운 해변까지 내려가 사냥하기도 하지만, 큰조롱박먼지벌레는 해변과 육지가 맞닿은 곳에서만 지낸다는 차이점이 있어요. 모래밭과 육지가 만나는 곳에 낮게 깔린 풀들이 바로 큰조롱박먼지벌레가 사는 곳입니다.

큰조롱박먼지벌레는 낮에는 모래 속에 숨어 있다가 밤이 되면 해변을 기어 다니며 다른 곤충들을 잡아먹습니다.

숲에서 사는 다른 곤충들

앞에서는 숲에 사는 곤충들 중, 갑옷을 입은 것처럼 단단한 몸을 가진 곤충들에 대해 알아봤어요. 그 외에도 숲에는 다양한 종류의 곤충들이 산답니다. 숲에는 어떤 곤충들이 사는지 계속 알아봅시다.

명주잠자리

명주잠자리는 생김새가 잠자리와 비슷하고, 날개가 투명하고, 만지면 명주처럼 부드러워서 붙여진 이름입니다. 명주잠자리의 애벌레는 명주잠자리와 아주 다른 모습으로 생겼는데, 이 애벌레를 '개미귀신'이라고 부르지

명주잠자리와 개미귀신. 명주잠자리의 애벌레인 개미귀신은 함정을 파 놓고 기다렸다가 작은 곤충을 잡아먹는다. ◀ ⓒ Donald Hobern(dhobern@flickr.com) ▶ ⓒ Chad Miller(chadmiller@flickr.com)

요. 개미귀신이 깔때기처럼 작은 모래 함정을 파서 개미를 잡기 때문에 붙여진 이름입니다. 개미귀신이 파 놓은 함정을 개미지옥이라고 부릅니다.

> **체액**
> 동물의 몸속에 있는 혈액이나 림프액 등 액체 성분을 통틀어 이르는 말입니다.

개미귀신은 함정을 파 놓은 후 꽁무니부터 흙으로 제 몸을 덮을 만큼 땅속으로 들어가 밖에서는 보이지 않게 숨습니다. 개미가 지나가다가 개미지옥에 빠지면 개미귀신이 땅속에서 큰 턱으로 흙을 끼얹어 도망가지 못하게 합니다. 개미들이 자꾸 미끄러져 빠져나가지 못하게 되면 개미귀신은 개미를 잡아 체액을 빨아 먹고 껍질은 밖으로 버린답니다.

개미귀신은 개미뿐만이 아니라 거미나 잎벌레, 쥐며느리 같은 작은 곤충을 다 잡아먹습니다.

개미귀신은 1~2년 동안 흙 속에서 애벌레로 지내고 나서 동그랗게 빚은 흙 속에서 번데기가 됩니다. 그 후 20일쯤 지나면 명주잠자리가 됩니다.

파리의 제왕, 왕파리매

1장에서도 잠깐 이야기했지만 파리매는 곤충을 사냥해 잡힌 곤충에 강한 주둥이를 찔러 넣어 체액을 빨아 먹는 육식 곤충입니다. 파리매라는 이름은 매가 날아가는 새를 낚아채듯 사냥한다고 해서 붙여졌습니다. 그중 왕파리매는 파리의 제왕이라고 불립니다. 생김새로 보나, 크기로 보나 파리 중에서 으뜸가는 곤충입니다.

왕파리매는 강한 가슴과 긴 다리를 이용해 멋진 비행과 뛰어난 기술로 사냥감을 공중에서 납치합니다. 왕파리매는 아주 강한 가슴을 가지고 있어서 날갯짓이 자유롭고, 사냥한 곤충을 들고도 잘 날아다닐 수 있어요.

그리고 굵은 넓적다리에 난 가시털 때문에, 한 번 걸려든 사냥감은 절대 빠져나갈 수가 없습니다. 왕파리매는 힘없는 다른 파리들뿐만 아니라 풍뎅이도 사냥하는 무시무시한 곤충입니다.

집게벌레

집게벌레는 모성애가 강하기로 유명한 곤충입니다. 늦가을에 알을 낳는데, 추운 겨울에 알에서 깨어난 애벌레들을 지켜 주기 위해 먹잇감을 찾기 힘든 추운 겨울에도 새끼들이 잘 자랄 수 있도록 자신의 몸을 먹이로 내줍니다. 어미의 몸을 먹어 충분히 영양을 보충하며 겨울을 보낸 애벌레들은

집게벌레는 보통 검은 갈색이고, 배 끝에 집게가 달려 있다. 다른 곤충을 잡아먹는 육식 곤충이며, 전 세계에 널리 분포한다.

무사히 겨울을 넘길 수 있습니다.

 아빠 벌레는 무엇을 하느냐고요? 아빠 벌레는 어미벌레가 짝짓기를 끝낸 후 알을 낳고, 새끼를 돌볼 수 있게 어미벌레의 먹이가 되어 준답니다. 짝짓기를 끝낸 어미벌레는 아빠 벌레를 먹고, 알에서 깨어난 애벌레들은 엄마 벌레를 먹어 영양분을 보충하지요. 한겨울 등산로 이곳저곳의 돌 밑을 살펴보면 집게벌레의 가족들을 볼 수 있습니다.

문제 1 요즘 애완용으로 많이 기르는 넓적사슴벌레는 원래 숲에 사는 곤충이에요. 숲에서 넓적사슴벌레를 만나려면 어떤 곳을 찾아봐야 할까요?

문제 2 우리에게 더럽게만 여겨지는 소똥도 쇠똥벌레에게는 유용하게 쓰입니다. 쇠똥벌레는 소똥을 어떻게 이용할까요?

---

3. 사람 발자국이나 애벌레를 따로 떼어 놓습니다. 땅속에서도 이들은 생김새가 장사리오 마오 스투리 정사자리의 애벌레를 따로 떼어 놓습니다. 그리고 애벌레의 먹이로 콩 모양 경단을 만들어서 땅속에 묻는데, 이 때 똥 을 나무가 쓰러져 썩어가는 곳. 왜냐하면 애벌레의 먹이로 참나무의 진이나 1~2주 정도 썩어가는 곳이 좋습니다.

자기답니다.

문제 3 명주잠자리와 개미귀신이 같은 곤충이라는 사실을 알고 있나요? 한 종류의 곤충에 왜 이렇게 다른 이름이 붙게 되었을까요?

정답

1. 잠자리 목에 속하는 곤충입니다. 명주잠자리의 애벌레이며 이름은 개미귀신이고, 또 이들 애벌레가 성장하여 어른벌레가 되면 명주잠자리라는 이름을 가지게 됩니다. 이처럼 곤충이 자라나 어른벌레가 되는 곤충에게는 애벌레와 어른벌레를 서로 다른 사람처럼 생각할 수 있습니다.

2. 풀잎 밑의 흙이나 모래 속에는 잘 수 있는 웅덩이를 파 놓고 그 속에 숨어서 기어다니는 개미 등의 작은 곤충이 이 웅덩이에 빠지면 잡아 먹습니다. 그래서 곤충에게는 아주 무서운 악마와 같이 느껴져서 개미귀신이라는 이름이 붙게 된 것입니다. 명주잠자리는 몸에 명주실 같은 가는 털이 나 있기 때문에 명주잠자리라고 부르며, 애벌레가 자라서 날개 돋친 곤충이 됩니다.

관련 교과
초등 3학년 1학기 3. 동물의 한살이
초등 5학년 1학기 4. 작은 생물의 세계
초등 6학년 1학기 4. 생태계와 환경
초등 6학년 2학기 3. 쾌적한 환경

5. 물에서 사는 곤충들

곤충이 사는 곳은 들판의 풀과 꽃 사이, 숲의 나무속 등이라고 배웠습니다. 이 밖에도 곤충은 물에서도 삽니다. 물 위를 떠다니기도 하고, 물속에서 살기도 하지요. 물에서 사는 곤충은 어떤 모습으로 살아갈까요? 그리고 어떤 먹이를 먹을까요? 차근차근 알아보아요.

 # 물 위를 떠다녀요

비가 내린 후, 고인 빗물 위를 미끄러지듯 걸어 다니는 소금쟁이를 본 적이 있나요? 참 신기한 모습이지요. 물 위를 떠다니는 곤충에 대해 알아보아요.

소금쟁이

연못이나 개울에서 가장 흔하게 볼 수 있는 곤충입니다. 소금쟁이는 논이나 연못, 개울의 물 위를 미끄러지듯이 걸어 다녀요. 비가 와서 잠깐 생

소금쟁이의 다리에는 잔털이 나 있고, 잔털에는 기름기가 묻어 있어서 물에 빠지지 않는다.

긴 웅덩이에 날아오기도 하지요.

　소금쟁이가 물에 잘 떠 있을 수 있는 이유는 몸이 가볍고 다리에 잔털이 많이 나 있기 때문입니다. 다리에 나 있는 잔털이 물 위에 뜰 수 있는 힘을 커지게 해 줍니다. 또 그 잔털에는 기름기가 있어서 물에 빠지지 않게 해 주기도 하지요.

　다리 끝에는 발톱이 한 쌍 있어서 헤엄칠 때 물을 뒤로 밀어 내며 앞으로 나아갑니다. 소금쟁이는 가운뎃다리를 이용해 몸을 쭉 밀면서 앞으로 나아가고, 뒷다리를 이용해서는 방향을 잡습니다. 앞다리는 물 위를 미끄러질 때 몸을 떠받쳐 주는 역할을 하지요.

　먹이를 잡을 때 사용하는 것은 앞다리입니다. 소금쟁이는 물에 떨어지는 작은 벌레를 잡아 즙을 빨아 먹는데, 먹이가 물에 떨어져 일으키는 잔물결을 통해 금세 알아챕니다. 또, 죽은 물고기나 벌레가 있으면 떼로 몰려와 먹기도 해요. 논에 사는 소금쟁이들은 벼농사를 해치는 벼멸구와 나방을 잡아먹어서 농사에 도움을 준답니다.

물맴이

　물맴이는 달걀꼴의 몸통으로 작고 새까만 데다 진주알처럼 윤기가 납니다. 그리고 고여 있거나 느리게 흐르는 물에서 살아요. 물맴이는 물 위를 재빠르게 헤엄치며 이리저리 방향을 바꾸어 가면서 달립니다. 또한 여러 마리가 한데 모여서 둥글게 하나의 원을 그리며 빙글빙글 맴돌아요. 이렇게 물 위를 빙글빙글 맴도는 모습 때문에 붙여진 이름이 '물맴이'이지요. 물맴이는 재빠르게 헤엄쳐 다니면서 공중에서 물 위로 떨어지는 벌레들을 잡아먹습니다. 물맴이의 눈은 위아래로 나뉘어 있어서 위쪽 눈은 날아다

물맴이의 몸은 달걀형으로 작고 까만색을 띤다. ⓒ Jacob Enos(JacobEnos@flickr.com)

니는 곤충을 보고, 아래쪽 눈은 물에 떨어진 먹이를 봅니다.

앞다리는 아주 크고 튼튼해서 먹이를 잡기 좋고, 가운뎃다리와 뒷다리는 짧지만 넓적한 노처럼 생겨서 빠르게 헤엄을 치는 데 도움을 주지요.

적을 만났거나 쉴 때에는 물 밑으로 내려가서 숨어 있다가 안전해지면 물 위로 똑바로 솟구쳐 올라온답니다. 봄부터 여름 사이에 물풀이나 물 위에 떠 있는 풀 또는 나뭇가지에 알을 낳습니다. 알에서 깨어난 애벌레는 물속에서 장구벌레 같은 작은 벌레들의 즙을 빨아 먹으며 자라나지요. 다 자란 애벌레는 물가로 나와 흙속에서 번데기로 지낸 후 어른벌레가 됩니다.

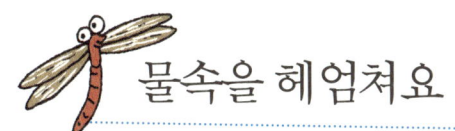 # 물속을 헤엄쳐요

물 위를 떠다니는 곤충들에 대해 알아보았습니다. 이제 물속을 헤엄치는 곤충들에 대해 알아볼 차례예요. 물속을 헤엄쳐 다니는 곤충의 종류도 다양합니다. 그중 대표적인 두 종류의 곤충에 대해 알아봅시다.

물속의 청소부 물방개

물방개는 둥글넓적하게 생겼습니다. 또한 배를 젓는 노처럼 생기고 가는 털이 나 있는 뒷다리를 이용해서 빠르고 힘차게 헤엄칠 수 있지요. 연못이나 웅덩이, 논, 도랑에서 살며 다른 벌레나 물고기, 달팽이를 잡아먹으며 삽니다. 죽은 물고기나 개구리도 먹어 치우는 식성 때문에 물속의 청소부라는 별명이 붙기도 했습니다.

물방개는 숨을 쉴 때 겉날개 밑이나 다리와 몸통 사이에 지니고 있던 공기로 숨을 쉬고, 탁해진 공기를 바꿀 때에는 물 밖

물방개는 죽은 물고기나 개구리도 먹는 식성 때문에 물속의 청소부라 불린다.

으로 배 끝을 내놓고, 신선한 공기로 바꾸어 물속으로 들어갑니다. 요즘에는 물이 오염되어서 물방개를 보기가 힘들지만, 예전에는 물방개를 흔히 볼 수 있었습니다.

나도 물속의 청소부 물땡땡이

물땡땡이는 물방개보다는 조금 작고 느리게 헤엄치는 곤충입니다. 연못이나 논처럼 고인 물에서 살아가지요. 물땡땡이의 애벌레는 작은 벌레를 잡아먹고, 어른벌레는 돌말 같은 물풀 또는 물에 떨어진 가랑잎이나 썩은 풀을 먹으며 살아갑니다.

물방개가 육식 곤충인 데 비해, 물땡땡이는 식물을 먹는 초식 곤충이지요. 물땡땡이는 썩은 풀이나 똥을 먹고 살아서 청소 곤충이라는 별명을 가지고 있습니다. 물속에서 살아가는 물땡땡이는 묵처럼 말랑말랑하고 속이 비치는 알 주머니 안에 알을 낳은 후, 알들이 물고기들의 눈에 띄어 먹이가 되지 않도록 물풀에 붙여 놓습니다.

새끼를 업어 키우는 물자라

새끼를 업어 키우는 부성애가 강한 곤충이 있습니다. 물속에서 사는 물자라입니다. 물자라의 수컷은 짝짓기가 끝나면, 등에 하얀 알을 빼곡히 얹고 다니지요. 알이 부화할 때까지 지고 다니면서 알을 보살피는 것입니다. 수컷은 등에 짊어진 알에게 산소를 공급해 주고, 햇볕도 쬐게 해 주려고 가끔씩 물 위로 올라오기도 합니다. 물가에 가면 수많은 알을 등 위에 업고 다니는 물자라를 만날 수 있습니다.

등 위에 빼곡히 알을 업고 다니는 물자라는 수컷이다. ⓒ 꽃송이(http://kr.blog.yahoo.com/c000990)

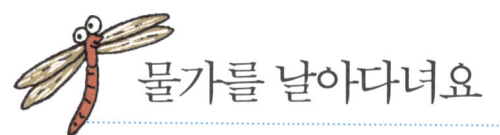
물가를 날아다녀요

물가를 날아다니는 곤충도 물과 많은 연관이 있습니다. 물가에 사는 곤충은 무엇이 있는지 알아봅시다.

이삼 일을 사는 하루살이

하루살이는 우리가 잘 알고 있는 것처럼 하루만 살고 죽는다고 해서 붙여진 이름입니다. 그런데 정말 하루만 살고 죽어 버릴까요? 아닙니다. 실제로는 이삼 일쯤 살고 열흘까지 사는 하루살이도 있어요.

하루살이는 알이나 애벌레 때에는 물속에서 살다가 어른벌레가 되면 물 밖으로 나오는 곤충입니다. 어른벌레인 하루살이는 낮에는 물가나 풀숲에 있

◀ 하루살이. ▶ 검은물잠자리. ⓒ Tennen-Gas(天然ガス)@the Wikimedia Commons)

다가 해가 질 무렵에 강가나 호숫가 근처에서 무리를 지어서 날아다니지요.

하루살이의 애벌레들은 물속에서 썩은 나뭇조각이나 물풀을 먹으며 살아요. 하루살이는 그 종류도 여러 가지가 있는데, 깨끗한 물속에 알을 낳는 하루살이와 더러운 물속에 알을 낳는 하루살이로 구분할 수가 있습니다.

깨끗한 물속에 알을 낳는 하루살이에는 피라미하루살이와 납작하루살이, 동양하루살이, 강하루살이, 알락하루살이 등이 있고, 더러운 물속에 알을 낳는 하루살이에는 꼬마하루살이와 등딱지하루살이 등이 있어요.

검은물잠자리

검은물잠자리는 온몸이 검은색이고, 물가를 좋아하기 때문에 붙여진 이름입니다. 검은물잠자리는 햇빛을 받으면 검푸른 빛이 나면서 번쩍이는 날개를 천천히 퍼덕이며 물가에 있는 풀 사이를 날아다니지요. 수풀 사이에 있어도 검정색이라 눈에 아주 잘 띕니다.

검은물잠자리의 암컷은 물풀이 많은 곳에 알을 낳아서, 알에서 깨어난 애벌레는 물속에서 살다가 어른벌레가 될 때쯤 물 밖으로 나와서 어른벌레가 되지요. 검은물잠자리는 어른벌레가 되어도 자신이 태어난 곳 주변을 떠나지 않고 그 근처에서 삽니다.

문제 1 소금쟁이는 어떻게 물에 가라앉지 않고 물 위에 떠 있을까요?

_____
_____
_____

문제 2 물속에 사는 곤충 중에는 물속의 청소부라고 불리는 두 종류의 곤충이 있어요. 어떤 곤충인가요?

_____
_____
_____

3. 물속에서는 물방개와 장구애비로 이름 뒤, 땅개도 물통스까지도 청소부와 에돌려질 때에는 물속의 생각나 아들메리가 낡은 물 번호로 나옵니다. 아들메리기가 된 물방개와 눈에는 풍덩에서 지내다가 여름에 성충으로 다시 물가로 나타나서 다시 물속에 알을 놓습니다.

문제 3 하루살이라는 이름은 많이 들어 보았을 거예요. 그런데 하루살이는 정말 하루밖에 못 사는 곤충일까요? 하루살이의 일생은 실제로 어떨까요?

_____

_____

_____

정답

1. 곤충살이의 다리에는 털이 많이 있고, 그 털에는 기름기가 있어요. 개미가 수공업이의 몸은 기름 덩어리 그래서 몸에 빠지지 않고 위에 들 수 있습니다.

2. 물속의 장구벌레 모기유충과 물방개유충이 있어요. 물방개유충은 역시 곤충이고, 물방개는 성충으로 서도 그리고 물 더 많이의 몸은 대단합니다. 개구리는 물방개 모기유충, 모기유충이고, 물방개는 곤충으로 주로 물 속에서 헤엄치며 대끼리와 다른 벌레를 잡아 먹고 살아가는 곤충입니다.

3. 물살이는 애벌레 때부터 물 속에 살면서 2, 3년을 자라요. 다 자라면 물 밖으로 나와 날개가 돋친 어른 물살이가 됩니다.

관련 교과
초등 3학년 1학기 3. 동물의 한살이
초등 5학년 1학기 4. 작은 생물의 세계
초등 6학년 1학기 4. 생태계와 환경
초등 6학년 2학기 3. 쾌적한 환경

6. 집에서 사는 곤충들

들과 산, 물에서 사는 곤충 말고도 집에서 사는 곤충도 있습니다. 사람과 함께 살아가는 곤충들이지요. 집에서 사는 곤충 중에는 사람에게 해를 끼치는 곤충도 있습니다. 집에는 어떤 곤충들이 살고 있는지 알아보아요.

부엌에서 사는 바퀴벌레

바퀴벌레는 지저분한 곳과 음식물 사이를 오가며 식중독을 옮길 위험이 있다. ⓒ Neil T@flickr.com

집에 사는 대표적인 곤충으로는 바퀴벌레입니다. 바퀴벌레는 생김새도 징그럽고 더럽다는 생각에 사람들이 아주 싫어합니다. 부엌처럼 먹이가 많은 곳이나, 화장실처럼 어둡고 축축한 곳에 많이 살아요. 낮에는 좁은 틈의 어두운 곳에 숨어 있다가 밤이 되면 먹을 것을 찾아 돌아다니지요.

바퀴벌레는 음식 찌꺼기, 종이, 풀, 비누 등 가리지 않고 뭐든지 다 먹습니다. 바퀴벌레가 먹을 것을 찾아다니면서 음식물과 지저분한 곳 사이를 왔다 갔다 하기 때문에 식중독 같은 병을 옮기기도 합니다. 그래서 사람들은 바퀴벌레가 나타나면 잡으려고 하지만 움직임이 아주 재빠르고 몸이 납작해 금세 좁은 틈 사이로 숨어 버린답니다.

바퀴벌레를 없애는 방법

바퀴는 여러 마리가 모여서 함께 살고, 번식력이 매우 강해서 암컷 바퀴벌레가 한 마리만 있어도 금세 몇백 마리로 늘어나게 되지요. 그래서 처음부터 바퀴벌레가 생기지 않게 예방하는 것이 제일 좋아요. 하지만 바퀴벌레를 쫓아내는 방법도 있어요. 바퀴벌레는 원래 열대 지방에서 사는 곤충이어서 추운 곳에서는 못 산답니다. 겨울철에 난방을 덜하게 되면 추운 곳에서 견딜 수 없는 바퀴벌레는 다른 곳으로 떠나게 되어요. 또 바퀴벌레가 들어가서 숨어 있을 만한 틈새를 모두 막아서 없애 버리고, 음식쓰레기를 집 안에 오래 두지 않는 것이 좋지요.

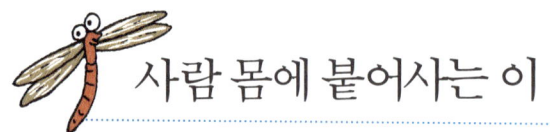 사람 몸에 붙어사는 이

이는 사람 몸에 붙어서 사람의 피를 빨아 먹는 곤충입니다. 이렇게 사람에게 해로운 곤충들을 '해충'이라고 하지요.

이는 사람의 머리카락에 붙어서 사는 '머릿니'와 옷 속에 붙어서 사는 '옷엣니'가 있어요. 요즈음에는 이가 거의 사라졌지만, 예전에는 사람마다 이 때문에 몸을 득득 긁어 댔지요.

처음에는 이에게 물려도 아프지 않고 상처도 크게 나지 않아 이가 생긴 사실을 잘 알지 못합니다. 이는 한 달가량을 사는데, 사는 동안 알을 200~300개나 낳을 정도로 번식력이 굉장히 강해요. 머리카락이나 옷에 낳은 하얀 알은 꼭 흰 먼지처럼 보입니다. 이의 알을 '서캐'라고 부릅니다. '서캐'는 일주일 뒤에 알에서 깨어나 애벌레가 되고, 또 일주일이 지나면 어른벌레가 되어서 알을 낳습니다.

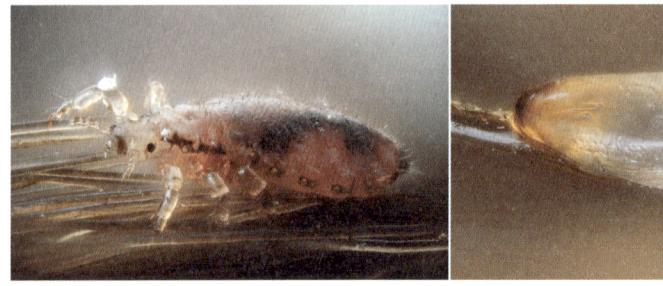

사람의 몸에 붙어 피를 빨아 먹는 이와 이의 알인 서캐. ⓒ Gilles San Martin(Gilles San Martin@flickr.com)

곡식 속에 사는 곤충들

쌀바구미

쌀바구미는 사람이 먹으려고 쌓아 둔 쌀이나 보리, 수수, 옥수수, 밀 등에 모여드는 곤충입니다. 쌀바구미의 몸집은 쌀 알갱이보다 조금 작고, 빛깔은 검은 갈색을 띠고 있지요.

쌀바구미는 쌀통 속에서 기어 다니면서 곡식의 낟알을 갉아 먹고, 낟알 속에 알을 낳습니다. 쌀바구미의 어른벌레의 수명은

곡식의 낟알을 갉아먹고, 그 속에 알을 낳는 쌀바구미.
ⓒ Olaf Leillinger(Olei@the Wikimedia Commons)

세 달에서 네 달 정도가 되는데 그동안에 낳는 알의 수가 100개가 넘습니다. 그래서 쌀바구미가 생긴 채로 그대로 두면 쌀통 속은 알에서 깨어난 어른벌레에게 점령당하게 됩니다.

쌀바구미는 따뜻하고 습도가 높고 햇볕이 들지 않으며 바람이 잘 통하지 않는 곳을 좋아하기 때문에 더운 여름에는 그 수가 더욱 늘어날 수밖에 없습니다. 쌀바구미에게 갉아 먹힌 쌀은 속이 비어서 잘 부스러지고, 맛이

낟알

껍질을 벗기지 않은 곡식의 알을 낟알이라고 합니다. 쌀도 본래는 누렇고 거친 껍질에 쌓여 있답니다. 껍질을 벗겨 내고 깨끗하게 만드는 과정을 거쳐서 우리가 먹는 하얀 쌀이 되는 것입니다.

없어지지요. 쌀바구미를 없애려면 쌀바구미가 생긴 쌀을 햇볕이 잘 드는 곳에 펴서 널어 놓으면 됩니다. 햇볕을 싫어하는 쌀바구미는 도망가고, 낟알 속에 숨어 있던 애벌레들도 모두 죽어 버립니다.

쌀바구미가 잘 생기지 않게 곡식을 보관하려면, 곡식을 바람이 잘 통하고 서늘한 곳에 두거나, 쌀바구미가 싫어하는 붉은 고추나 마늘을 쌀통에 함께 넣어 두면 됩니다.

화랑곡나방

화랑곡나방은 머리가 적갈색의 비늘털로 덮여 있고 더듬이는 가는 털 모양을 하고 있는 나방입니다. 곡식을 먹고 살지요.

쌀독을 열었을 때 갑자기 나방이 날아올라 깜짝 놀라기도 하지요. 화랑곡나방은 주로 오래된 곡식 속에서 생겨나고, 외부에서 날아든 화랑곡나방이 곡식 속에 알을 낳고 살기도 한답니다. 화랑곡나방의 어른벌레는 보통 짚 가마니 위나 쌀통 주위에 한 번에 평균 200~400개 정도의 알을 낳습니다.

화랑곡나방의 애벌레는 성숙하면 몸길이가 8~10㎜로 몸통은 노란빛이 도는 백색이고 머리는 노란빛이 도는 갈색을 띱니다. 애벌레는 입에서 실을 토해 내서 쌀이나 곡식알을 얽어매어 뭉치게 만들고, 먼저 쌀눈을 먹은 다음에 바깥 부분을 갉아 먹으며 살아요. 성장을 마친 애벌레는 가마니 밖으로 기어 나와서 두께가 얇은 고치를 만들고 번데기가 됩니다. 비슷한 장소에서 같이 살아가는 쌀바구미보다 더 건조한 곡물이나 식품에서도 살 수 있어서 생명력이 더 강해요.

화랑곡나방 애벌레가 콩이나 고추에서 살 경우 열매의 안을 갉아 먹으면서 들어간 후 그 구멍을 통해서 밖으로 똥을 배출하지요. 화랑곡나방은 쌀과 콩, 고추 등의 상품성 가치를 떨어뜨리는 농업 해충입니다.

집에서 화랑곡나방을 발견했을 때에는 햇볕이 잘 드는 바깥에 곡식을 펼쳐 놓습니다. 그러면 애벌레들이 죽고, 나방들이 도망갑니다. 또는 냉동실에 곡식을 넣어 두면 나방과 애벌레들이 죽습니다.

화랑곡나방은 주로 오래된 곡식 속에서 생긴다
ⓒ Donald Hobern(dohobem@flickr.com)

문제 1 바퀴벌레는 한번 생기면 없애기가 어렵습니다. 바퀴벌레를 없앨 수 있는 방법은 무엇이 있을까요?

문제 2 사람의 몸에 붙어 피를 빨아 먹으면서 사는 곤충은 어떤 곤충인가요?

———

바퀴벌레는 잘 드는 독한 살충제를 뿌리는 것이 가장 좋은 방법입니다. 동시에 집안을 깨끗하게 청소하고, 음식물 쓰레기를 제때 버려 바퀴벌레가 좋아하는 먹이를 없애야 합니다. 또 바퀴벌레는 몸이 납작해서 좁은 곳에 잘 숨으므로 벽의 갈라진 틈이나 싱크대 밑, 가스레인지 밑 등도 꼼꼼하게 청소해야 합니다. 바퀴벌레는 먹이가 없어도 한 달 이상 살 수 있습니다.

3. 사람의 몸에 붙어 피를 빨아 먹으면서 사는 곤충은 이, 벼룩, 빈대 등이 있습니다. 이러한 곤충에 물리면 몹시 가렵고 피부병이 생기기도 합니다.

문제 3 곡식에 피해를 주는 화랑곡나비와 쌀바구미가 쌀통에 생겼다면 어떻게 해야 할까요?

_____

_____

_____

_____

정답

1. 바구미들은 장시간 생기지 않고 알게 해주는 것이 제일 중요합니다. 하지만 이미 쌀에 바구미나 쌀 안은 장풀이 생겼다면 쌀을 햇볕에 말립니다. 또 마늘이나 마른 고추 등을 쌀통 안에 넣어두기도 하며, 양파망에 담은 숯을 쌀통에 넣어두면 습기와 냄새를 없애주기 때문에 벌레가 생기지 않고 쌀도 촉촉한 상태로 보관됩니다. 또 살지 않고 통풍이 잘 되는 곳에 보관하는 것이 좋습니다.

2. 요즘은 사람들이 위생ㆍ청결 상태가 좋아졌기 때문에 집 안에 예전만큼 사람의 피를 빨아 먹는 이를 볼 수 없습니다. 하지만 애완동물이 옷에 사는데, 자주 다녀가며 이에게 물리기 않게 하려면 어릴 때부터 이가 생기지 않도록 청결함을 유지시켜 주는 것이 중요합니다. 또 크게 다치지 않은 쌀벌레의 이가 생겼다면 사냥당하거나 공업용 장치 200~300개 쌀이다 놓이, 한 살이가 더 생기지 않게 해줍니다.

우리나라 어린이·청소년들의 제2의 교과서!

앗! 시리즈 드디어 150권 완간!

놀라운 〈앗! 시리즈〉의 세계

아… 〈앗! 시리즈〉 150권 갖고 싶다!

1999년부터 시작된 〈앗! 시리즈〉의 신화가 2011년 드디어 완성되었다.
즐기면서 공부하라, 〈앗! 시리즈〉가 있다!
과학·수학·역사·사회·문화·예술·스포츠를 넘나드는 방대한 지식!
깊이 있는 교양과 재미있는 유머, 기발한 에피소드까지, 선생님도 한눈에 반해 버렸다!
교과서를 뛰어넘고 싶거든 〈앗! 시리즈〉를 펼쳐라!

1 수학이 수군수군	23 질병이 지끈지끈	45 전기 없이는 못 살아	67 아찔아찔 아서왕 전설	89 만화가 마냥마냥	111 용감무쌍 탐험가들	133 대담무쌍 윈스턴 처칠
2 물리가 물렁물렁	24 컴퓨터가 키득키득	46 지구를 구하는 환경지킴이	68 아른아른 아일랜드 전설	90 씽씽 인라인 스케이팅	112 빙글빙글 비행의 역사	134 번뜩번뜩 발명가들
3 화학이 화끈화끈	25 폭풍이 푸하푸하	47 우리 조상은 원숭이가요	69 부들부들 바이킹 신화	91 사이클이 사이사이	113 일쑹달쑹 스도쿠	135 뜨끈뜨끈 지구 온난화
4 수학이 또 수군수군	26 사막이 바싹바싹	48 놀이공원에 숨어 있는 과학	70 카랑카랑 카이사르	92 스르륵 스케이트보드	114 갈팡질팡 가쿠로	136 기세등등 헨리 8세
5 우주가 우왕좌왕	27 수학이 자꾸 수군수군 ③부분	49 빛과 UFO	71 물곤물곤 나폴레옹	93 축구가 으쌰으쌰	115 의학이 알쏭달쏭	137 비밀의 왕 투탕카멘
6 구석구석 인체 탐험	28 지진이 우르릉쾅	50 자석은 마술쟁이	72 자동차가 부릉부릉	94 덩굴덩굴 테니스	116 노발대발 야생동물	138 별별생각 과학자들
7 식물이 시끌시끌	29 높은 산이 아찔아찔	51 이왕이면 이집트	73 환경이 욱신욱신	95 골고루 골더골러	117 졸아해요 고서시대	139 생각번쩍 아인슈타인
8 벌레가 벌렁벌렁	30 피고 피예하는 고고학	52 그럴싸한 그리스	74 방송이 신통방통	96 민지못해 미스터리	118 호수가 넘실넘실	140 해안이 꾸불꾸불
9 동물이 뒹굴뒹굴	31 시간이 시시각각	53 모든 길은 로마로	75 동물의 수신시대	97 왠일이니 외계인	119 오들오들 남극북극	141 수학이 자꾸 수군수군 ⑦속청
10 바다가 바글바글	32 유전이 요리조리	54 혁명이 휴리휴리	76 연극이 희희낙락	98 공과가 중얼중얼	120 온갖 섬이 올쏙볼쏙	142 수학 공식이 꼬물꼬물
11 화산이 알카알카	33 오리가락 카오스	55 아슬아슬 아스텍	77 비행기가 비틀비틀	99 길이길이 기억해	121 아싱만만 알렉산더	143 상식이 두루두루
12 소리가 슥삭슥삭	34 김똑같은 가상 현실	56 바이바이 바이킹	78 영화가 일렁줄렁	100 별볼일있는 별자리여행	122 별난 작가 별별 작품	144 영문법이 술술술
13 진화가 진짜진짜	35 블랙홀이 불쑥불쑥	57 켈트족이 꿈틀꿈틀	79 세상에 이런 법이	101 오싹오싹 무서운 독	123 쿵쾅쿵쾅 제1차 세계 대전	145 최강 여왕 클레오파트라
14 꼬르륵 맷속여행	36 번쩍번쩍 빛 실험실	58 몽셀몽셀 석기시대	80 건축이 건들건들	102 에너지가 볼끈볼끈	124 쾅쾅탕탕 제2차 세계 대전	146 수학이 꿈틀꿈틀
15 두뇌가 뒤죽박죽	37 우르릉쾅 날씨 실험실	59 잉카가 이크이크	81 패션이 팔랑팔랑	103 태양계가 타격태격	125 우글우글 열대우림	147 만능 천재 레오나르도 다 빈치
16 번들번들 빛나리	38 울렁울렁 감각 실험실	60 사랑해요 삼국시대	82 미술이 수리수리	104 튼튼타탄 내 몸 관리	126 종횡무진 시간모험	148 과학 천재 아이작 뉴턴
17 강물이 꾸불꾸불	39 지구가 지글지글	61 하늘빛 한국신화	83 꾸벅꾸벅 클래식	105 스밀만점 모험가들	127 스릴만점 모험가들	149 끔직한 역사 퀴즈
18 전기가 찌릿찌릿	40 생들이 생긋생긋	62 고려가 고마워요	84 컴퓨터가 기다등등	106 미생물이 미질미꿀	128 위풍당당 엘리자베스 1세	150 소름 돋는 과학 퀴즈
19 과학자는 괴로워	41 수학이 순식간에	63 새록새록 성경이야기	85 올록볼록 올림픽	107 이상하뚱 수의 세계	129 외알외글 별별 지식
20 수학이 자꾸 수군수군 ①분수	42 원자력이 오사오사	64 끄덕끄덕 그리스신화	86 우글우글 월드컵	108 대수의 방정식인 방정식이	130 외글외글 별별 동식물
21 공룡이 용을 축잡지	43 우주를 향해 날아라	65 새롭달콤 셰익스피어 이야기	87 야구가 야단법석	109 도형이 도리도리	131 어두침침 중세 시대
22 수학이 자꾸 수군수군 ②분수	44 물고도는 물질의 변화	66 뜨끔뜨끔 동화 들어보기	88 영치영치 영국축구	110 섬뜩섬뜩 심각법	132 위엄가득 빅토리아 여왕

닉 아놀드 외 글 | 토니 드 솔스 외 그림 | 이충호 외 옮김 | 각권 5,900원

아직도 〈앗! 시리즈〉를 모르는 사람은 없겠지?

★ 1999 문화관광부 권장도서
★ 1999 한국경제신문 도서 부문 소비자 대상
★ 2000 국민, 경향, 세계, 파이낸셜 뉴스 선정 '올해의 히트 상품'
★ 2000 문화일보 선정 '올해의 으뜸 상품'
★ 간행물윤리위원회 선정 청소년 권장도서

★ 서울시교육청 중등 추천도서23종 선정
★ 소년조선일보 권장도서 | 중앙일보 권장도서
★ 동아일보 청소년 과학도서상 수상
★ TES(The Times Educational Supplement)상 청소년 교양 부문 수상

알았어, 이제 〈앗! 시리즈〉 읽으면 되잖아!

주니어김영사 www.gimmyoungjr.com | 어린이들의 책놀이터 cafe.naver.com / gimmyoungjr | 031-955-3139